数字技术与普惠金融系列教材

总主编/米运生

商业银行信贷业务

与风险管理实训教程新编

彭东慧◎编著

SHANGYE YINHANG XINDAI YEWU

YU FENGXIAN GUANLI

SHIXUN JIAOCHENG XINBIAN

中国财经出版传媒集团

经济科学出版社

Economic Science Press

图书在版编目（CIP）数据

商业银行信贷业务与风险管理实训教程新编/彭东
慧编著 . --北京：经济科学出版社，2021. 12
数字技术与普惠金融系列教材
ISBN 978 - 7 - 5218 - 3272 - 3

Ⅰ. ①商… Ⅱ. ①彭… Ⅲ. ①商业银行 - 贷款风险管
理 - 研究 - 中国 Ⅳ. ①F832. 33

中国版本图书馆 CIP 数据核字（2021）第 254786 号

责任编辑：王柳松　　汪武静
责任校对：隗立娜
责任印制：王世伟

商业银行信贷业务与风险管理实训教程新编
彭东慧　编著
经济科学出版社出版、发行　新华书店经销
社址：北京市海淀区阜成路甲 28 号　邮编：100142
总编部电话：010 - 88191217　发行部电话：010 - 88191522
网址：www. esp. com. cn
电子邮箱：esp@ esp. com. cn
天猫网店：经济科学出版社旗舰店
网址：http：//jjkxcbs. tmall. com
北京季蜂印刷有限公司印装
787 × 1092　16 开　14. 25 印张　350000 字
2021 年 12 月第 1 版　2021 年 12 月第 1 次印刷
ISBN 978 - 7 - 5218 - 3272 - 3　定价：46. 00 元
（图书出现印装问题，本社负责调换。电话：010 - 88191510）
（版权所有　侵权必究　打击盗版　举报热线：010 - 88191661
QQ：2242791300　营销中心电话：010 - 88191537
电子邮箱：dbts@ esp. com. cn）

《数字技术与普惠金融系列教材》
丛书编委会

《数字技术与普惠金融系列教材》
丛书分册名录

1. 《商业银行信贷业务与风险管理实训教程新编》
   彭东慧　编著

2. 《〈互联网金融〉实验教材》
   莫易娴　编著

3. 《商业银行岗位技能实训教程》
   彭东慧　编著

总　序

　　金融是现代经济的核心。然而，由于金融业具有规模经济性和空间聚焦性等特征，金融业容易出现发展不平衡、不充分的问题。特别是空间分散和稀薄市场等导致高交易成本的因素，从广度、宽度和深度等方面来说，这些因素都不利于农村金融市场的发展。相应地，农村地区容易遭遇到金融排斥和信贷配给等问题。农民的认知偏差和较低的金融素养，会使问题变得更为严峻。数字技术和数字经济快速发展带来的数字金融，在一定程度上降低了信息成本和交易成本，在促进长尾市场发展的同时，也在很大程度上促进农村金融市场的发展。不过，数字鸿沟的存在，也使得农村金融市场发展面临着较大的困难。相应地，普惠金融是一个世界性难题，特别是对发展中国家的农村地区来说。作为人口最多的发展中国家，中国同样面临着较大的城乡金融发展不平衡问题，普惠金融也由此变得非常重要。

　　对我国的广东省来说，亦是如此。广东省是中国的经济强省之一，同时，也是区域差距和城乡差距较大的省份之一。尤其在金融领域，广东省的区域差距和城乡差距较大。对于在改革开放中有着重要地位的广东省来说，通过普惠金融来推动乡村振兴并实现现代化，必然承担着重要责任和使命。当前，广东省正在以习近平新时代中国特色社会主义思想为指引，谋划"十四五"时期的发展规划。其中，发展普惠金融是重要的内容。

　　广东省的省委省政府一直高度重视普惠金融。广东省的普惠金融发展也取得了较大的进展，探索了不少颇有成效的经验模式。然而，普惠金融的发展是一个系统工程，同时，也是一个动态过程。对广东省来说，普惠金融的发展还面临不少需要解决的问题，存在一些需要克服的困难，培养面向乡村振兴的普惠金融人才是其中之一。

　　人才是乡村振兴的关键要素，在普惠金融领域，更是如此。华南农业大学金融学科，在培养普惠金融人才方面，一直发挥着较为重要的作用。在专业建设方面，华南农业大学也取得了一定成绩。2020 年和 2021 年，华南农业大学金融学专业相继获批广东省一流专业建设点和国家一流专业建设点。长期以来，为农村地区输送了一批又一批的应用型金融人才。这些就业于涉农金融机构、金融行政主管部门等领域的金融人才，为广东省农村金融和普惠金融的发展，作出了不可替代的贡献。

华南农业大学金融学科和金融专业的发展，也得到了广东省的省委省政府的大力支持。2020年，在广东省人民政府的关心和指导下，华南农业大学成立了普惠金融与"三农"经济研究院。同时，广东省财政厅也给予专项经费支持。这是华南农业大学金融学科的重要发展机遇，也鞭策我们更加努力地工作，更好地通过人才培养、科学研究和社会服务等渠道，服务于广东普惠金融事业的发展。

金融是理论性、实践性很强的学科。金融学专业的大学生既需要扎实的理论基础，也要有娴熟的实操技能。在数字金融时代，金融科技对普惠金融的发展产生日益深刻的影响，也是涉农金融人才必须掌握的基本技能。为使大学生能够基于理论学习，了解金融的最新实践并精通于金融业务，我们编写了这套丛书。该丛书由三套实验教材组成。主要涉及普惠金融的重点业务即信贷，同时，面向一线岗位的实操。通过金融科技（包括互联网金融）的培训，在数字经济、数字金融快速发展的背景下，学生能够熟练地掌握金融科技知识并用之于普惠金融实践，助推乡村振兴，助力共同富裕。

米运生

华南农业大学普惠金融与"三农"经济研究院

2021 年 11 月 30 日

前　言

提高创新创业特别是实践能力，是培养高素质大学生的重要途径。提高学生的实操能力、强化学生的实践技能，有重要的意义。《国家中长期教育改革和发展规划纲要（2010—2020 年）》指出："着力提高学生的学习能力、实践能力、创新能力，教育学生学会知识技能，学会动手动脑。"金融学专业的基本特征之一，便是理论与实践的紧密结合。对金融学专业的学生来说，提高动手能力和实操能力，是基本训练和基本要求。在金融学专业的课程体系中，商业银行学具有极其重要的作用，这一点是显而易见的。商业银行体系在世界各国金融体系中居于主导性地位，金融学专业的毕业生也有相当部分供职于银行系统。

近年来，商业银行实训课程，也得到了许多高校的重视。以商业银行模拟经营决策沙盘软件和商业银行仿真实训平台等为主的实验课程，也在许多高校开设。华南农业大学经济管理学院非常重视实验课程的建设，并于 2016 年购买了深圳智盛信息技术股份有限公司（以下简称"智盛公司"）自主开发的《商业银行信贷业务与风险管理仿真实训平台系统》软件。该软件涵盖了商业银行信贷业务各方面的内容，并且，智盛公司也配备了专门的实验操作指南。

在教学过程中，我们逐渐发现这套软件的优越性，同时，也注意到一些需要完善的地方。例如，一些操作流程，需要更详细的说明；一些说明性内容，有重复之处。更重要的是，由于一个学年只开设一次课程，因而在操作流程方面难免有记忆不准确或疏漏之处。尽管智盛公司有着非常好的售后服务，但考虑到及时反馈的不便，也为了减少重复性咨询给公司售后服务人员带来的麻烦，我们认为有必要在实验操作指南的基础上，编写完整的实验教材。此想法得到了智盛公司的积极响应和热烈支持。经过智盛公司的授权，我们依托这套软件的《操作指南》框架，依据实操过程中的一些心得体会和经验，编写了实验教材。

最近几年来，金融新业态和金融科技快速发展，商业银行的信贷业务及风险管理也发生了许多重大变化。智盛公司对该系统进行了较大幅度的更新。虽然已在 2016 年编写了教材《智盛商业银行信贷业务与风险管理仿真实训平台》，但已经不能反映实践的最新发展状况。同时，2016 年版教材已经售罄，不能满足市场的进一步需求。为与时俱进，使教材能够反映最新的实践，使学生了解最新的实践，满足相关高校的教材需求，经过智盛公司授权，我们决定重新编写教材。该教材是基于这套软件的《操作指南》，同时，结合我们在教学过程中的一些实操经验总结而编写的。本教材的编写，得到了华南农业大学经济管理学院的大力支持，同时，也得到了华南农业大学普惠金融与"三农"经济研究院广东省财政专项资金的经费支持。经济管理学院金融系莫易娴等老师给予了宝贵意见。吴怡同学等研究生结合其实训体会，提出了大量建议。

本教材是基于智盛公司的软件系统和教学组的实操经验而编写的。因此，已经购买或拟购买智盛商业银行综合业务仿真实训平台（软件）的普通高等学校和各类职业院校等，也可以作为参考教材。已经购买其他商业银行综合业务模拟决策软件但并未有配套教材的普通高等学校和各类职业院校等，也可以将本教材作为参考。使用2016年版教材的高校，建议更新软件系统并欢迎继续使用新版教材。自学考试、成人教育和有志于供职银行系统的社会人士等，也可以使用该教材。

由于时间紧张、水平有限，加之我们对软件的了解有限以及篇幅受限，教材可能存在一些疏漏和不足，请读者在使用过程中，提出宝贵意见。

本书的顺利出版，与智盛公司的授权是分不开的，在此表示感谢。同时感谢智盛公司的连俊琴女士为本教材提出了大量宝贵建议。

彭东慧

2021 年 11 月 30 日

目录

系统概述与我的任务

1.1 系统介绍

　　《信贷业务及风险管理模拟系统》是一个相对独立的管理信息系统，该系统运用先进的计算机和网络技术，采用以总行为数据中心的集中式数据网络系统方式，把信贷日常业务处理、决策管理流程、贷款和客户资料积累、贷款风险预警、贷款分类评级、数据统计分析、信贷监督检查等信贷管理的各个环节和过程全部纳入计算机处理，形成覆盖信贷管理全过程的科学体系，实现网络互联、信息共享、查询自如、方便快捷的信贷电子化管理系统，也就是把信贷管理过程形成的所有资料和信息用计算机存储和记录，通过现代信息网络技术，形成一个完善的信贷电子化管理系统，将信贷规章制度和具体要求转化为电脑程序进行控制，创造"制度制约＋机器制约"，实现"以客户为中心、以优质客户发现为前提、以市场和行业为导向、以风险控制为核心、以量化分析为主"的新的信贷管理机制。

1.2 系统功能与模块

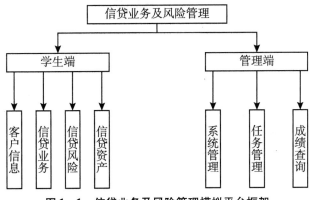

图1-1　信贷业务及风险管理模拟平台框架

如图 1 - 1 所示，信贷业务及风险管理模拟平台主要包括学生端、管理端两大部分。学生端包括客户信息、信贷业务、信贷风险、信贷资产四部分。管理端包括系统管理、任务管理、成绩查询三部分。

1.3　运 行 环 境

1.3.1　硬件

（1）前台

P4 2G 以上，有鼠标、网卡，1G 以上内存，60G 以上硬盘，分辨率为 1024 × 768 以上彩色显示器。

（2）数据库服务器

要求高档 PC 服务器，2G 以上内存，120G 以上硬盘，分辨率为 800 × 600 以上彩色显示器。

1.3.2　软件

（1）前台

操作系统为简体中文 Windows2003 以上版本，分辨率为 1024 × 768 以上，颜色为 32 位以上，字体为小字体。

（2）数据库服务器

操作系统为 Windows server 2008R2 enterprise；数据库为 Microsoft SQL server 2008R2；CPU 为 Intel Xeon E5 - 2620v4；核心/线程为 8 核 16 线程 16G 及以上内存；500G 及以上硬盘。

1.4　系统登录及信息修改

1.4.1　输入网址

打开 Internet Explorer 浏览器，在地址栏输入登录地址，登录"智盛云│智慧教育 SaaS 平台"，地址为：http：//www. zsyun. com. cn/。

提示：Internet Explorer 为微软公司授权软件，建议使用分辨率为 1024 × 768 及 Internet Explorer 8. 0 以上版本浏览。

1.4.2　用户名和密码

在智盛云│智慧教育 SaaS 平台首页右上角点击"登录"按钮，在弹出的输入框中输入用户名和密码，点击输入框下端"登录"按钮，即可进入系统。

用户首页界面

1.4.3 退出登录

点主页面击右上角"退出登录"按钮，退出系统。

1.5 我的任务

1.5.1 选择课程

点击用户首页界面右上角"课程中心"，选择"信贷与风控实训"课程，点击课程图标下端"去使用"按钮，开始进入课程主界面。

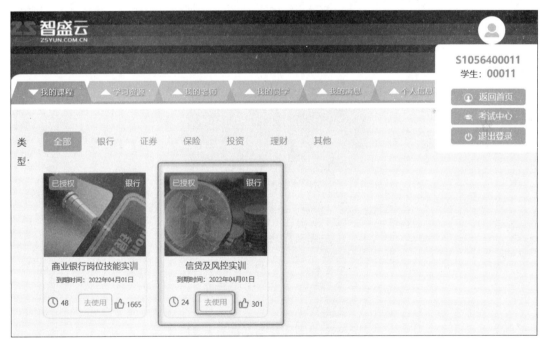

课程主界面如下：

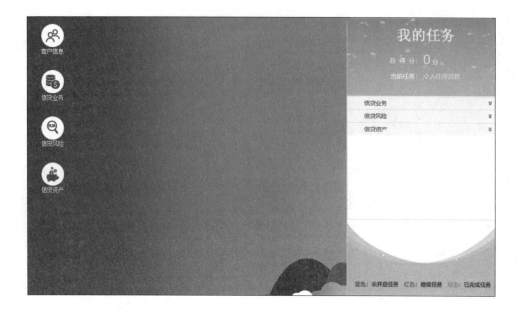

1.5.2 进入"我的任务"

在课程主界面右边，查看"我的任务"。

_____

① 注：本书中"蓝色""红色""绿色"主要在软件里显示，本书为黑白印刷，无法呈现彩色效果，请读者结合软件来学习。

1.5.3 系统任务

在"我的任务"中已经设置了以下任务。分别包括信贷业务、信贷风险、信贷资产三部分。

信贷业务包括 29 个任务：保证人担保审批、抵押物担保审批、质押物担保审批、撤销抵押物担保审批、撤销质押物担保审批、单项授信、年度统一授信、企业流动资金贷款、企业房地产贷款、企业定期存单质押贷款、企业临时贷款、企业固定资产贷款、企业仓单质押贷款、企业按揭贷款、企业贷款展期、个人大额经营性贷款、个人住房贷款、个人房屋装修贷款、个人汽车消费贷款、个人小额存单质押贷款、个人住房公积金贷款、个人助学贷款、个人失业小额担保贷款、个人商业用房贷款、个人行内职工消费贷款、个人贷款展期、商业汇票贴现、全额保证金银行承兑、敞口银行承兑。

信贷风险包括 7 个任务：企业信用评估、个人信用评估、企业贷后调查、个人贷后调查、五级分类、呆账认定、不良贷款催收。

信贷资产包括 3 个任务：贷款诉讼、资产处置、呆账核销。

1.5.4 当前任务

当前任务就是当前处于开启状态并正在操作的任务。

1.5.5 得分合计

得分合计是所有任务中已得分值的总分。

1.5.6 任务操作

在"我的任务"表格中"操作"列给出的图标分别为：

"▶"表示开启任务，在做任务之前需先开启任务；

"↻"表示重做任务；

"√"表示提交任务。

（1）开启任务

"开启任务"是确定将要操作某一任务时，必须先开启这个任务，才能进行任务操作。

（2）重做任务

"重做任务"是指当学生想要放弃某个已经操作过的任务，重新开始操作任务时，点击"重做任务"就可以重新开始做这个任务。点击"重做任务"后，前面已操作完成的流程中止，已经得到的分数清空，并且无法恢复。请谨慎点击"重做任务"。

（3）任务详情

"任务详情"包括任务说明、重要提示、操作日志、答案查询。点击任务详情就会出现任务详情窗口。

①任务说明

"任务说明"中显示的是任务描述。

任务详情 - 企业仓单质押贷款

| 任务说明 | 重要提示 | 流程提示 | 操作日志 | 答案查询 |

A公司始建于1958年，主营某品牌纸袋纸及卡纸系列产品的生产和销售。

2018年3月15日，A公司为周转资金向中国工商银行某分行申请仓单质押贷款3000万元，3月18日经调查同意该公司以所持有在交易所注册登记的标准仓单(价值5000万元)做质押，并办理质押登记。20日银行对该公司的基本情况进行调查后同意为其贷款并对A公司单项授信3000万元，3月23日双方签订借款合同，合同约定，借款期限为1年，贷款利率4.35%，还款方式为按期付息还本，规定每个季度最后一个月的20日还款。在所有材料审批完成后，银行在3月28日放款。

要求：根据案例，完成企业仓单质押贷款。

注：需先完成担保、授信业务。

②重要提示

重要提示显示的是当前任务的重要提示和流程图。

③操作情况

操作情况显示了相应任务的当前已操作完成流程。可以查询到已操作流程的业务种类、业务名称、任务名称、操作人、当前操作、下一步、操作时间。

	操作时间	IP地址	业务种类	业务名称	
1	2019-10-21 17:21:11	192.168.5.118	担保业务	保证人担保审批	
2	2019-10-21 17:20:29	192.168.5.118	担保业务	保证人担保审批	
3	2019-10-21 17:16:47	192.168.5.118	担保业务	保证人担保审批	
4	2019-10-21 17:14:12	192.168.5.118	担保业务	保证人担保审批	
5	2019-10-21 17:12:02	192.168.5.118	担保业务	保证人担保审批	

④答案查询

任务完成提交之后可以查看答案。

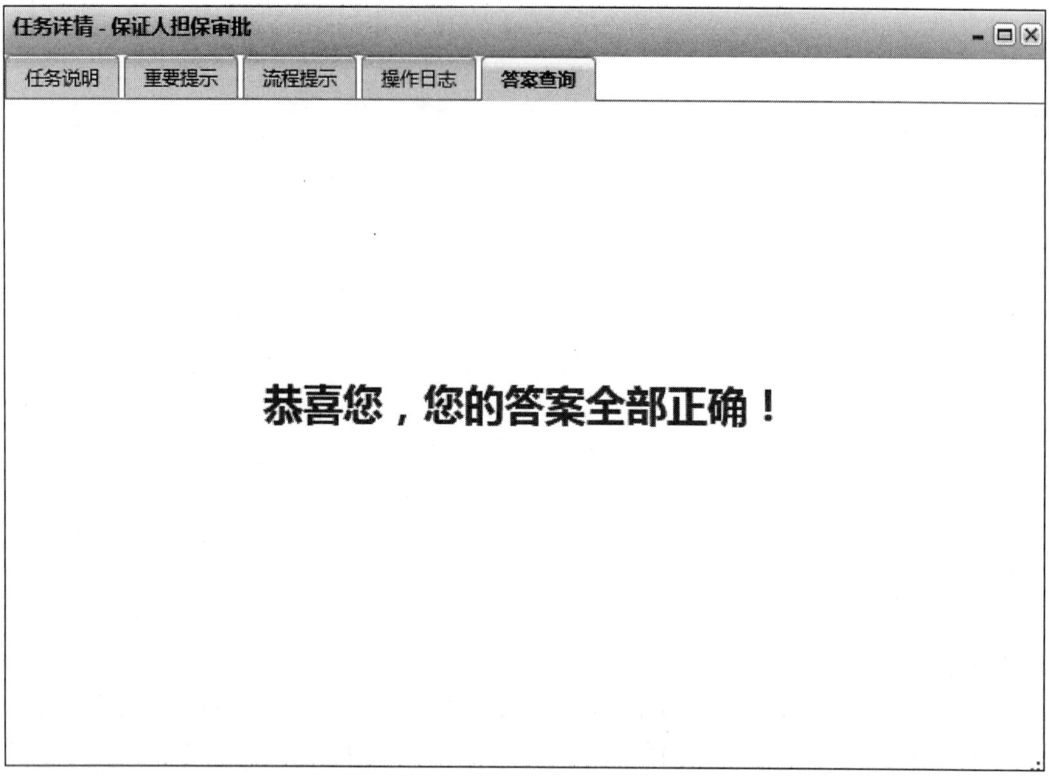

任务详情 - 保证人担保审批					— □ ☒
任务说明	重要提示	流程提示	操作日志	**答案查询**	

恭喜您，您的答案全部正确！

⑤任务分值

任务分值是对应任务的系统总分值。

⑥任务得分

得分是操作对应任务已得到的分值。

⑦任务操作过程

打开"我的任务"，找到要操作的任务，开启任务。

打开"任务详情"，查看任务流程和任务详情。

根据任务详情操作任务。

任务操作完成后，提交任务，查看得分。

（4）返回首页

如果需要返回首页重新选择课程，可以点击页面左下角  图标，选择"返回首页"。

2

信贷任务操作案例展示（一）：前期管理

2.1　保证人担保审批

2.1.1　开启任务与任务详情

（1）开启任务

打开"我的任务"，找到保证人担保审批，点击"▶"开启任务。

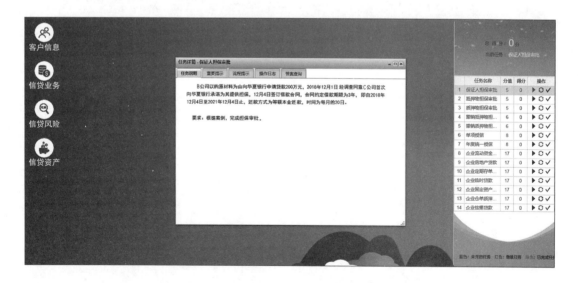

（2）任务详情

弹出"任务详情"，查看任务描述。

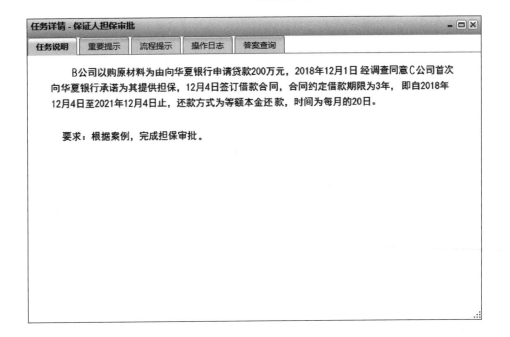

2.1.2 任务操作

选择业务角色为"客户经理"

打开"担保业务"页面，双击"保证人担保审批"或者点击右上角"进入"按钮启动担保业务。

单击"当前担保业务"，选择"受理"。

根据任务描述，填写"保证人审批""担保客户经理意见"。

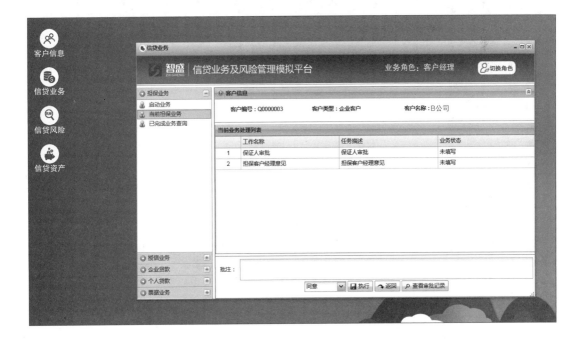

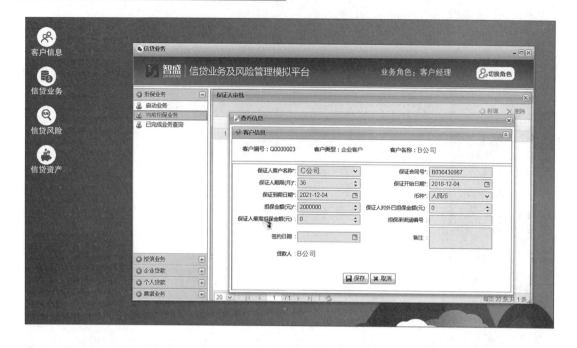

新增保证人清单。

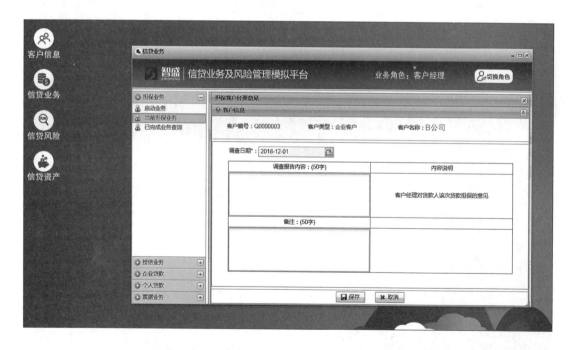

填写担保客户经理意见，选择"执行"。注意：表格中需要填入内容，否则会被扣分。

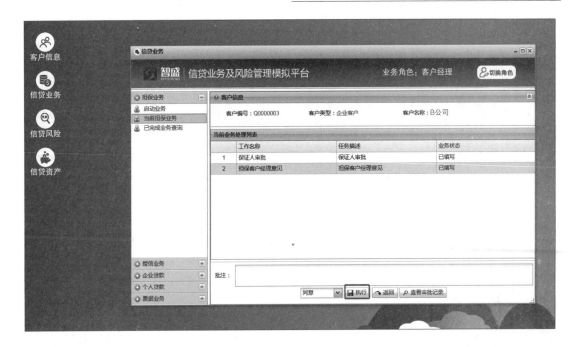

切换至角色至"支行信贷科长"。

选择"当前担保业务"，完成担保受理审批。

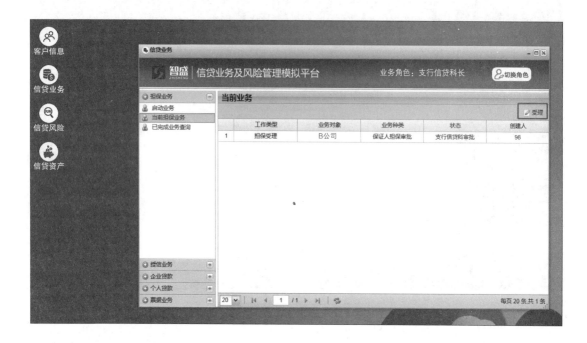

点击"执行"按钮，完成担保受理。

根据提示，切换至下一角色"分行风险部专员"进行审批操作。

选择"当前担保业务"，受理担保业务审批。

点击"执行"按钮，完成受理任务，根据提示，切换至下一角色"分管行长"。

选择当前担保业务，完成担保审批。

切换角色至"客户经理"，完成担保业务确认。

完成该任务后，在"我的任务"中点击"√"提交任务，系统自动给出得分。如果未得到满分，可以查看"任务详情"中的"答案查询"，发现错误答题。如果需要，可以重做任务。

	任务名称	分值	得分	操作
1	保证人担保审批	5	5	▶ ↻ ☑
2	抵押物担保审批	5	0	▶ ↻ ✓
3	质押物担保审批	5	0	▶ ↻ ✓
4	撤销抵押物担…	6	0	▶ ↻ ✓
5	撤销质押物担…	6	0	▶ ↻ ✓
6	单项授信	8	0	▶ ↻ ✓
7	年度统一授信	8	0	▶ ↻ ✓
8	企业流动资金…	17	0	▶ ↻ ✓
9	企业房地产贷款	17	0	▶ ↻ ✓
10	企业定期存单…	17	0	▶ ↻ ✓
11	企业临时贷款	17	0	▶ ↻ ✓
12	企业固定资产…	17	0	▶ ↻ ✓
13	企业仓单质押…	17	0	▶ ↻ ✓
14	企业按揭贷款	17	0	▶ ↻ ✓

总得分：0分
当前任务：无

蓝色：未开启任务　红色：继续任务　绿色：已完成任务

查看任务状态。其中"蓝色"代表任务未开启，"红色"代表任务进行中，"绿色"代表任务已提交。

点击"任务详情"，查看操作情况。

	业务种类	业务名称	任务名称	操作人	当前操作
1	担保业务	保证人担保审批	保证人担保审批	S0001	担保确定
2	担保业务	保证人担保审批	保证人担保审批	S0001	总行信贷部审批
3	担保业务	保证人担保审批	保证人担保审批	S0001	总行复查
4	担保业务	保证人担保审批	保证人担保审批	S0001	总行审查
5	担保业务	保证人担保审批	保证人担保审批	S0001	支行审批
6	担保业务	保证人担保审批	保证人担保审批	S0001	支行分管审批
7	担保业务	保证人担保审批	保证人担保审批	S0001	支行信贷科审批
8	担保业务	保证人担保审批	保证人担保审批	S0001	担保受理

第 1 页,共 1 页　　　显示 1-8条,共 8条

2.2　抵押物担保审批

2.2.1　开启任务与任务详情

（1）开启任务

打开"我的任务"，找到抵押物担保审批，开启任务。

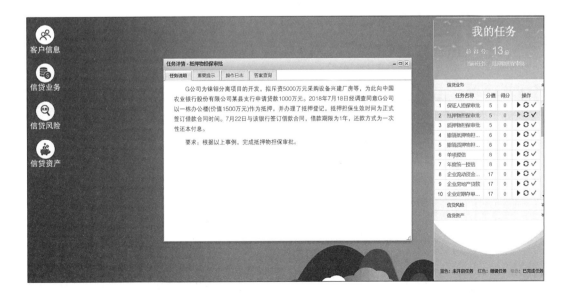

(2) 任务详情

弹出"任务详情",查看任务描述。

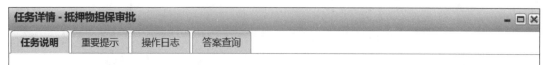

G公司为铼钼分离项目的开发,拟斥资5000万元采购设备兴建厂房等,为此向中国农业银行股份有限公司某县支行申请贷款1000万元。2018年7月18日经调查同意G公司以一栋办公楼(价值1500万元)作为抵押,并办理了抵押登记,抵押担保生效时间为正式签订借款合同时间。7月22日与该银行签订借款合同,借款期限为1年,还款方式为一次性还本付息。

要求:根据以上事例,完成抵押物担保审批。

2.2.2　任务操作

点击左上角"客户信息"图标,查看客户列表。选择"任务详情"中的客户信息。

双击客户信息栏，可以查看客户信息详情。

点击桌面左边"信贷业务"图标，在弹出的对话框中选择"业务角色"为"客户经理"，点击"确定"。

点击页面左上角"启动业务",选择"抵押物担保审批",点击右上角"进入"按钮或者双击"抵押物担保审批"项目启动任务。

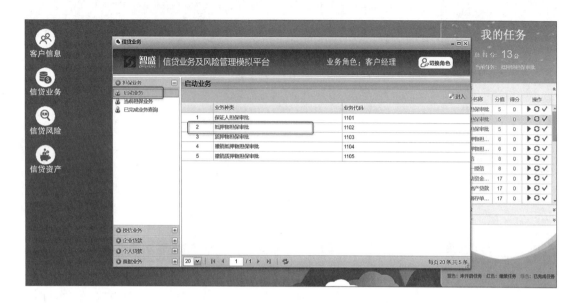

点击页面左上角"当前担保业务",查看当前业务。选择当前业务中的项目,点击右上角"受理"按钮或者双击"业务对象"G公司,打开当前业务处理列表。

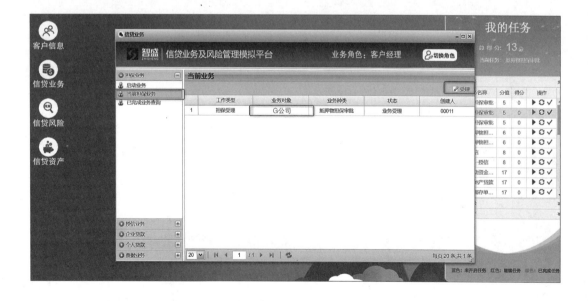

选择业务"抵押物审批"，双击打开。

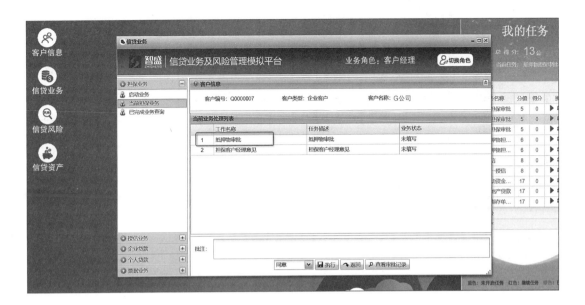

点击页面右上角"新增"按钮。

在弹出的对话框中填写具体的信息。

按照"任务详情"给出的信息填写对话框中的内容，完成后点击"保存"。

关闭抵押物审批页面，返回当前业务处理列表，切换角色至"客户经理"。

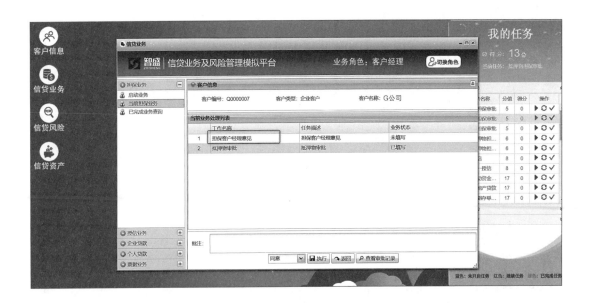

打开"担保客户经理意见"项目，填写相应的信息，点击"保存"。注意：表格中需要填入内容，否则会被扣分。

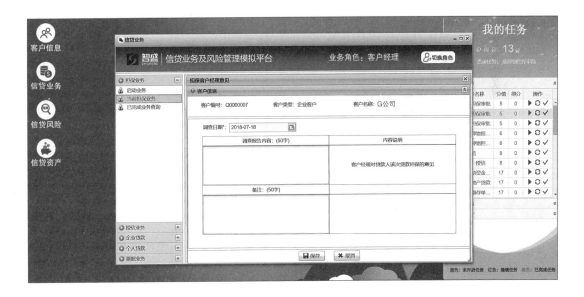

　　回到当前业务处理列表，点击页面下方"执行"按钮。完成客户经理业务。随后点击右上角"切换角色"。

　　根据提示，角色分别切换至"支行信贷科长""分行风险部专员""分管行长"分别点击"当前担保业务"打开相应记录并点击"执行"按钮，完成各级审批。最后切换到"客户经理"角色，点击"执行"，显示"流程结束"。

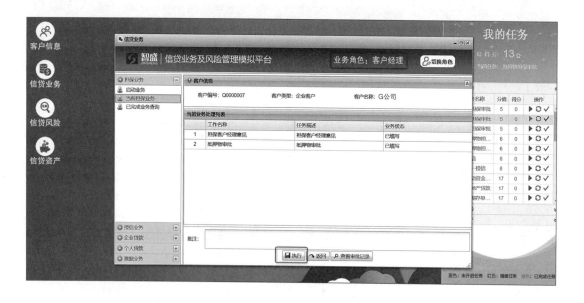

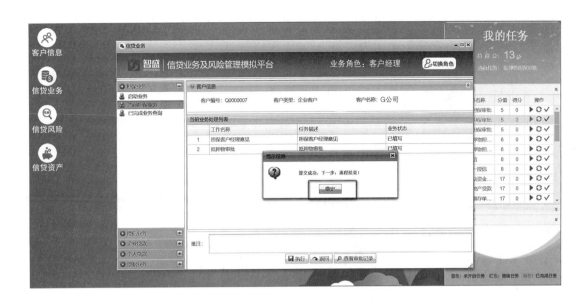

在"我的任务"中，"抵押物担保审批"一栏点击"√"。完成抵押物担保审批业务。

双击"我的任务"中的"抵押物担保审批"，弹出"任务详情"，点击"操作日志"查看操作记录，或者查看"答案查询"。

2.3　质押物担保审批

质押物担保审批业务与 2.1 小节和 2.2 小节操作步骤是类似的，可参考以上两项任务的操作步骤，这里不作详述。

2.4　撤销抵押物担保审批

2.4.1　开启任务与任务详情

（1）开启任务
打开"我的任务"，找到撤销抵押物担保审批，点击"▶"开启任务。
（2）任务详情
在操作"撤销抵押物担保审批"之前先完成担保业务。

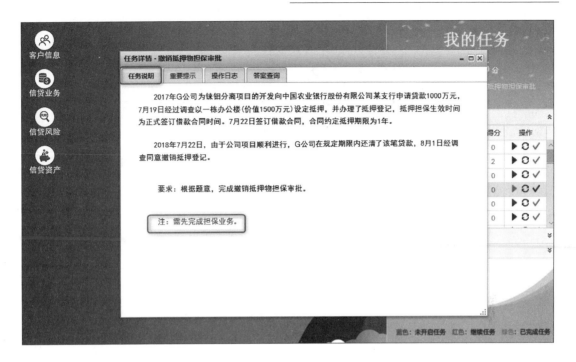

2.4.2 任务操作

切换角色为"客户经理"，选择"抵押物担保审批"项目后点击页面右上角"进入"按钮，或者双击该项目栏启动"抵押物担保审批"。

按照 2.2 小节中的"抵押物担保审批"步骤，分别切换角色至"客户经理""支行信贷科长""分行风险部专员""分管行长""客户经理"完成担保任务操作。

双击"撤销抵押物担保审批"项目栏或者点击页面右上角"进入"按钮打开。

双击项目栏或者点击页面右上角"启动"按钮启动业务。

在打开的当前业务页面中选择项目，双击项目栏或者点击"受理"按钮进行操作。

填写"担保客户经理意见"。

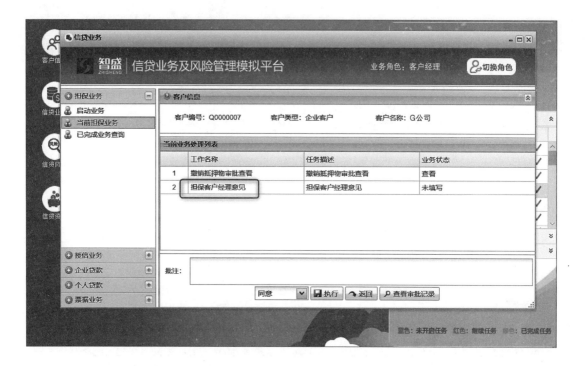

点击"保存"。注意：表格中需要填入内容，否则会被扣分。

回到"当前担保业务"列表，在下方点击"执行"。

分别切换角色"支行信贷科长""分行风险部专员""分管行长""客户经理"，点击

"执行"按钮，完成"撤销抵押物担保审批"业务。

完成该任务后，在"我的任务"中点击"√"提交任务，系统自动给出得分。

2.5　撤销质押物担保审批

撤销质押物担保审批业务与2.4小节操作步骤是类似的，可参考以上两项任务的操作步骤，这里不作详述。

2.6　单项授信

2.6.1　开启任务与任务详情

（1）开启任务

在"我的任务"中找到单项授信业务，点击"▶"开启任务。

（2）任务详情

单项授信业务开启之前需要先完成担保业务。

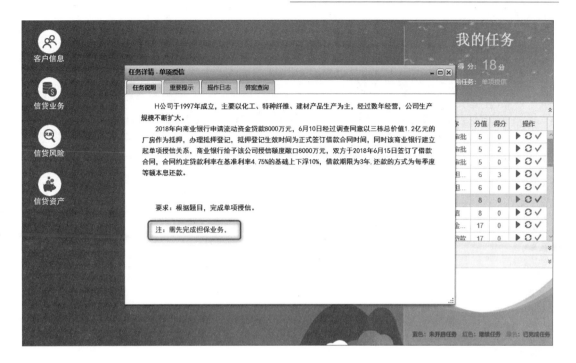

2.6.2　任务操作

以"客户经理"角色启动抵押物担保业务，选择相应的客户。

按照 2.2 小节的担保业务步骤，依次切换角色为"客户经理""支行信贷科长""分行风险部专员""分管行长""客户经理"，完成抵押物担保业务。

以客户经理角色点击页面左边"授信业务—启动业务"；选择"单项授信"业务栏，点击界面右上角"进入"按钮，或者双击"单项授信"即可启动该业务。

进入"当前授信业务"，填写"授信申请"。

点击"新增"按钮，在打开的对话框中按照"任务详情"填写新增信息，然后点击"保存"。

点击"执行"当前授信业务。

依次切换角色至"客户经理""支行信贷科长""分行风险部专员""分管行长""客户经理"，分别点击"执行"按钮，完成单项授信业务。具体的切换角色操作请参考 2.1 小节。

在"我的任务"中点击"√",提交任务。

2.7　年度统一授信

年度统一授信业务与2.6小节操作步骤是类似的,可参考以上两项任务的操作步骤,这里不作详述。

3

信贷任务操作案例展示（二）：企业贷款

3.1　企业流动资金贷款

3.1.1　开启任务与任务详情

（1）开启任务

打开"我的任务"，找到企业流动资金贷款业务，点击"▶"开启任务。

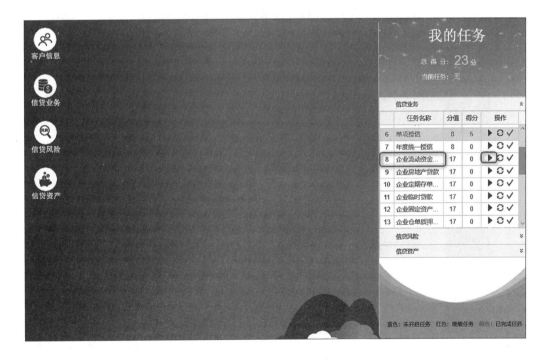

（2）任务详情

点击"我的任务"中的"企业流动资金贷款"栏，在弹出的"任务详情"中查看"任务说明"。需要注意,在操作企业流动资金贷款业务之前,需要先完成担保、授信两项业务。

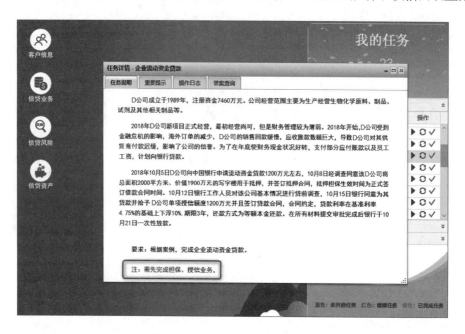

3.1.2 任务操作

首先参考 2.2 小节内容完成抵押物物担保业务。

点击左上角"信贷业务"图标,选择"业务角色"为"客户经理",点击"确定"。

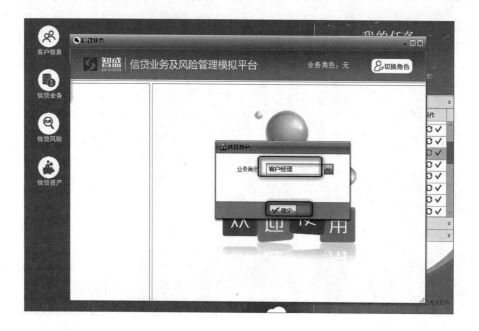

以客户经理角色启动"抵押物担保业务"。选择相应的客户，点击"启动"按钮或者双击客户栏。

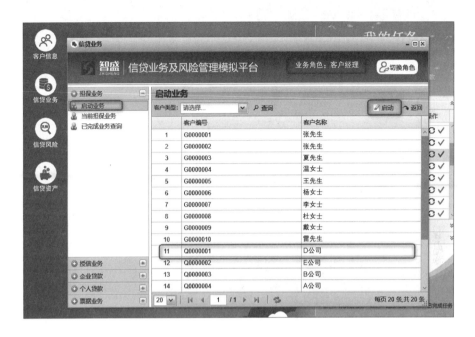

依次切换角色"客户经理""支行信贷科长""分行风险部专员""分管行长""客户经理"，完成抵押物担保业务具体操作请见 2.2 小节。

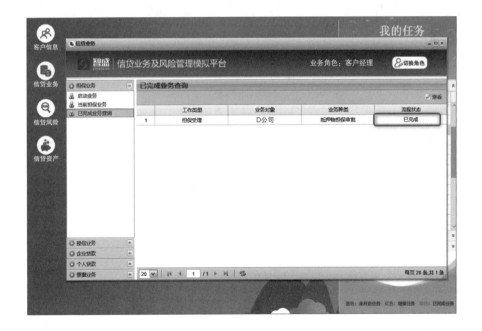

以"客户经理"角色进入"授信业务",启动"单项授信"。

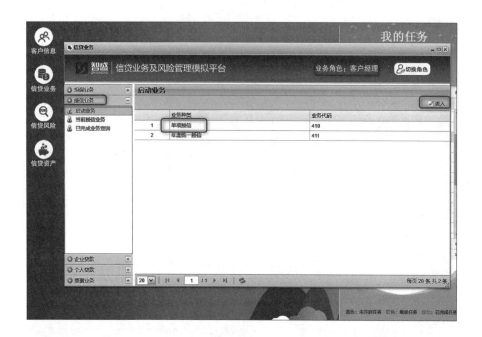

依次切换角色至"客户经理""支行信贷科长""分行风险部专员""分管行长""客户经理",完成单项授信业务。具体步骤参考2.6小节。

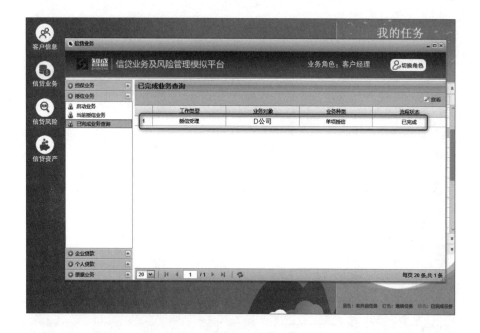

以客户经理角色进入"企业信贷"业务类型，可以选定"企业流动资金贷款"，点击"进入"，或者双击"企业流动资金贷款"栏。

以"客户经理"角色选择客户，点击"启动"按钮，启动"企业流动资金贷款"业务。

选择"当前企业业务",选择贷款受理,点击"受理"按钮或者双击"贷款受理"栏。

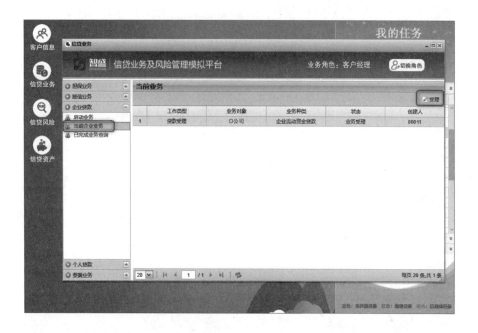

依次双击相应的栏目,完成资料的填写。

填写"贷款申请"并"保存"。其中：

月基准利率＝年基准利率/12＝4.75%/12＝0.3958%

月执行利率＝［年基准利率×（1±浮动利率）］/12＝［4.75%×（1－10%）］/12＝0.36%

填写"业务担保信息"并"保存"。其中"合同号"可以查找"担保业务"中"已完成业务查询"。

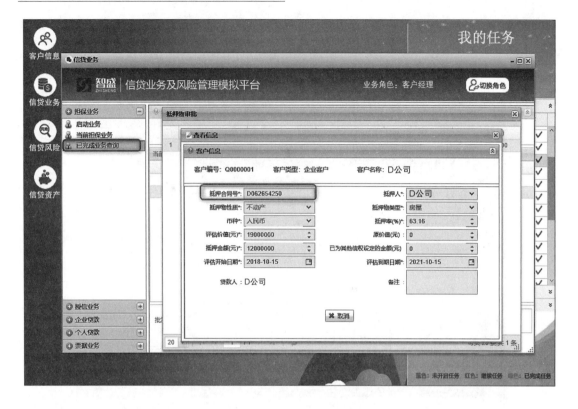

填写"贷前客户调查"并"保存"。注意：表格中需要填入内容，否则会被扣分。

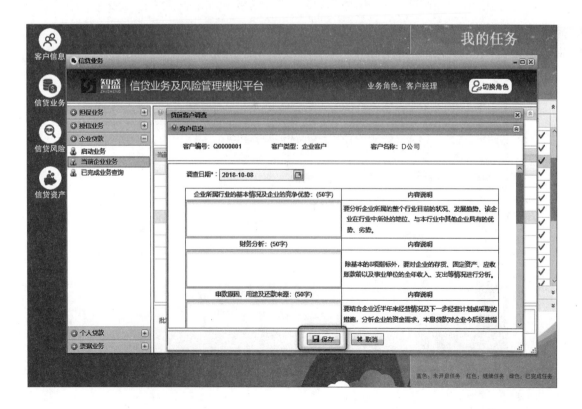

填写"贷款合同"并点击"保存"。

填写"放款通知"并点击"保存"。

点击页面下方"执行"按钮。

依次切换角色至"支行信贷科长""分行风险部专员""分管行长""客户经理",分别点击"当前企业任务"查看任务,并点击"执行"按钮。

所有角色的任务完成后,在"我的任务"中点击"√"提交任务,系统自动给出得分。

3.2 企业房地产贷款

3.2.1 开启任务与任务详情

（1）开启任务

在"我的任务"中找到企业房地产贷款业务，点击"▶"开启任务。

	任务名称	分值	得分	操作
6	单项授信	8	0	▶ ↻ ✓
7	年度统一授信	8	0	▶ ↻ ✓
8	企业流动资金…	17	0	▶ ↻ ✓
9	企业房地产贷款	17	0	▶ ↻ ✓
10	企业定期存单…	17	0	▶ ↻ ✓
11	企业临时贷款	17	0	▶ ↻ ✓
12	企业固定资产…	17	0	▶ ↻ ✓
13	企业仓单质押…	17	0	▶ ↻ ✓
14	企业按揭贷款	17	0	▶ ↻ ✓
15	企业贷款展期	19	0	▶ ↻ ✓
16	个人大额经营…	14	0	▶ ↻ ✓
17	个人住房贷款	14	0	▶ ↻ ✓
18	个人房屋装修…	14	0	▶ ↻ ✓

（2）任务详情

弹出"任务详情"，查看任务描述；还可以查阅"重要提示""流程提示"等内容，了解相关信息。

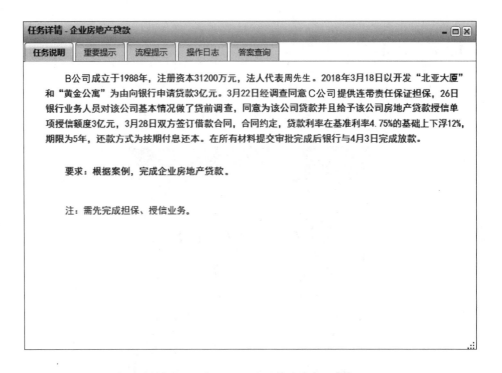

点击页面左上角"客户信息"，可以查看相关企业具体信息。

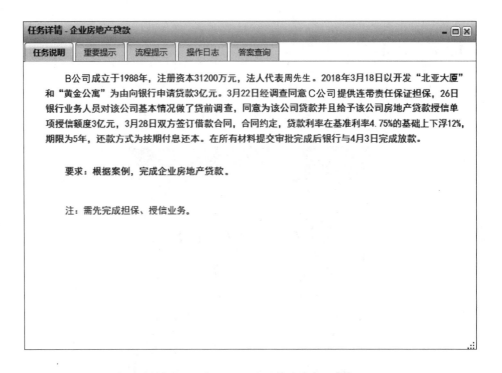

3.2.2　任务操作

需要先完成担保和授信业务。
点击桌面"信贷业务"。

依次切换角色，完成保证人担保业务（参考2.1小节内容）。

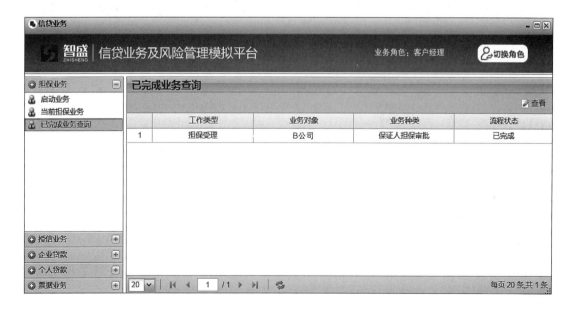

根据题意，启动"授信业务"。

选择客户，启动授信业务。

依次切换角色至"客户经理""支行信贷科长""分行风险部专员""分管行长""客户经理"，完成单项授信业务。具体步骤参考 2.6 小节。

选择企业贷款，启动"企业房地产贷款"业务。

选择客户名，启动业务。

需要完成的任务列表。

填写贷款申请。

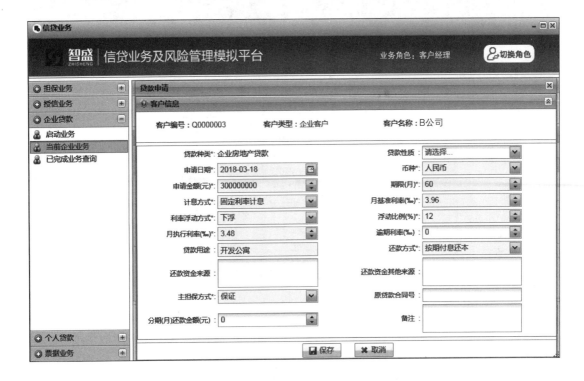

新增业务担保信息。合同编号可在已完成的担保业务中或客户信息查询。

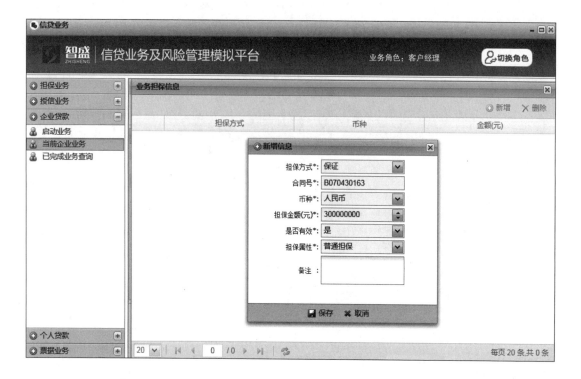

填写贷款合同。

新增放款通知书。

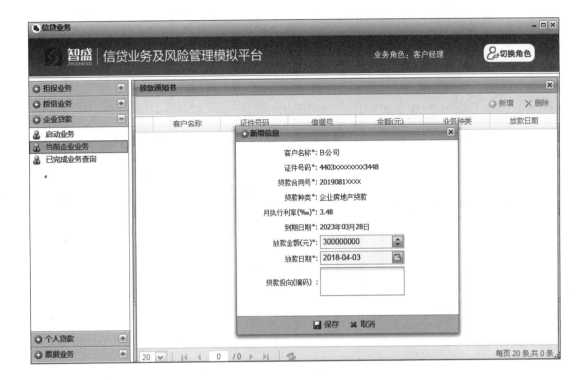

完成贷前客户调查。注意：表格中需要填入内容，否则会被扣分。

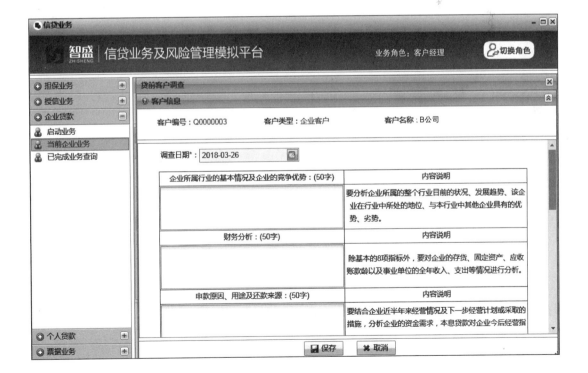

提交信贷业务。

根据提示，切换角色至"支行信贷科长"。

受理当前企业房地产贷款。

提交当前信贷业务。

根据提示，切换角色至"分行风险部专员"，进行受理审批完成信贷业务审批。

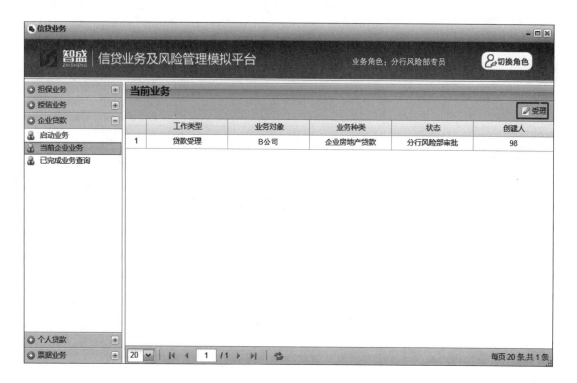

根据提示，切换角色至"分管行长"，受理审批。

根据提示，切换角色至"分管行长"，受理贷款发放。

以"客户经理"角色确认业务，流程结束。

完成该任务后，在"我的任务"中点击"√"提交任务，系统自动给出得分。
打开操作日志，查看操作情况。

	操作时间	IP地址	业务种类	业务名称	当前操作	下一步	经办人
1	2019-10-23 08:52:28	192.168.5.118	企业贷款	企业房地产贷款	审批结束		S0001
2	2019-10-23 08:52:18	192.168.5.118	企业贷款	企业房地产贷款	分管行长审批	客户经理业务确认	S0001
3	2019-10-23 08:50:21	192.168.5.118	企业贷款	企业房地产贷款	分行风险部审批	分管行长审批	S0001
4	2019-10-22 17:27:47	192.168.5.118	企业贷款	企业房地产贷款	支行信贷审批	分行风险部专员审批	S0001
5	2019-10-22 17:14:25	192.168.5.118	企业贷款	企业房地产贷款	贷款受理	支行信贷科长审批	S0001
6	2019-10-22 16:44:36	192.168.5.118	授信业务	单项授信	审批结束		S0001
7	2019-10-22 16:43:54	192.168.5.118	授信业务	单项授信	分管行长审批	客户经理业务确认	S0001
8	2019-10-22 16:40:21	192.168.5.118	授信业务	单项授信	分行风险部审批	分管行长审批	S0001
9	2019-10-22 16:37:14	192.168.5.118	授信业务	单项授信	支行信贷审批	分行风险部专员审批	S0001
10	2019-10-22 16:15:01	192.168.5.118	授信业务	单项授信	授信受理	支行信贷科长审批	S0001
11	2019-10-22 16:03:05	192.168.5.118	担保业务	保证人担保审批	审批结束		S0001
12	2019-10-22 16:02:56	192.168.5.118	担保业务	保证人担保审批	分管行长审批	客户经理业务确认	S0001
13	2019-10-22 16:02:45	192.168.5.118	担保业务	保证人担保审批	分行风险部审批	分管行长审批	S0001
14	2019-10-22 16:02:36	192.168.5.118	担保业务	保证人担保审批	支行信贷审批	分行风险部专员审批	S0001
15	2019-10-22 16:02:22	192.168.5.118	担保业务	保证人担保审批	担保受理	支行信贷科长审批	S0001

打开答案查询，可以查看得分情况。根据参考答案提示，重做本业务。

任务详情 - 企业房地产贷款

任务说明　重要提示　流程提示　操作日志　**答案查询**

企业房地产贷款

贷款申请（单步聚分:-3）

不符项目	参考答案	当前输入
申请金额	100000000	300000000.00

贷款合同（单步聚分:-1）

不符项目	参考答案	当前输入
签约金额	100000000	300000000.00

3.3　企业定期存单质押贷款

3.3.1　开启任务与任务详情

（1）开启任务

在"我的任务"中找到企业定期存单质押贷款业务，点击"▶"开启任务。

（2）任务详情

点击"我的任务"中"企业定期存单质押贷款"栏，打开"任务详情"。注意在操作"企业定期存单质押贷款"任务，需要先完成担保和授信业务。

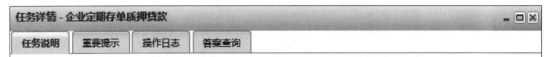

任务详情 - 企业定期存单质押贷款

| 任务说明 | 重要提示 | 操作日志 | 答案查询 |

2018年2月1日B公司为了周转资金，向浙江农村商业银行申请存单质押贷款800万元。2月4日经调查同意将在浙江农村商业银行账户中定期存款1300万元的存款单设定为质押，并签订了存单质押合同，质押担保生效时间为正式签订借款合同时间。2月7日银行对该公司基本情况进行调查。2月10日银行同意为其贷款并对B公司单项授信额度800万元并且双方签订借款合同，合同约定贷款利率为基准利率4.35%，贷款期限为10个月，即2018年2月10日至2018年12月10日，还款方式为一次性还本付息。所有材料审核完成后银行于2月14日一次性放款。

要求：根据案例完成企业定期存单质押贷款。

注：需先完成担保、授信业务。

查看"重要提示"，注意事项：

公式提示：

质押率 = 贷款本金/质押货物现值 × 100%

月基准利率 = 年基准利率/12

月执行利率 = ［年基准利率 × (1 ± 浮动利率)］/12

重要资料提示：

普通担保所担保的债权数额是确定的，无最高或最低限额的规定，而最高额担保的债权是不确定的，只有到了决算期才能确定保证所担保的实际债权数额。一般来说，如果是最高额保证，在保证合同中会有"最高额保证"的字眼。

3.3.2　任务操作

首先，按照 2.3 小节质押物担保审批完成该客户的质押物担保。

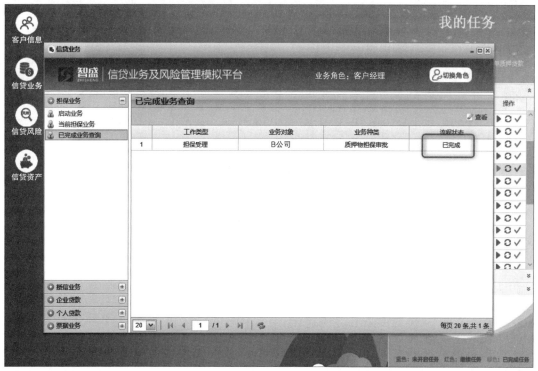

其次，按照 2.6 小节操作完成该客户的授信业务。

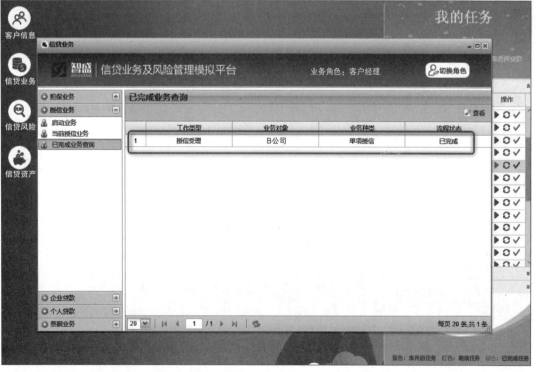

以"客户经理"角色进入"企业贷款"业务类型，选择"企业定期存单质押贷款"业务，点击"进入"按钮或者双击"企业定期存单质押贷款"栏启动该业务。

选择客户，点击"启动"或者双击客户名完成启动操作。

　　双击当前企业业务，进入"当前业务处理列表"。依次填写"贷款申请""业务担保信息""贷款合同""放款通知书""贷前客户调查"。

　　填写"贷款申请"，点击"保存"。

填写"业务担保信息"。点击选择"新增"，在弹出的对话框中填写新增信息，其中的合同号可以从"担保业务"中的"质押物审批"中查询。点击"保存"。

填写"贷前客户调查"，点击"保存"。注意：表格中需要填入内容，否则会被扣分。

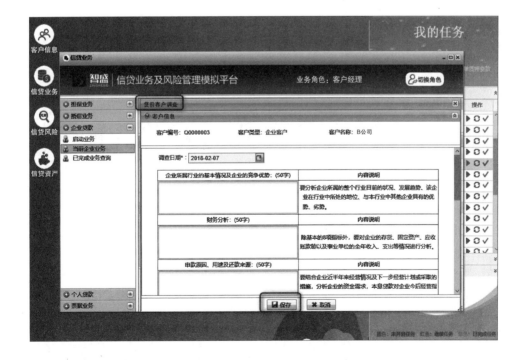

填写"贷款合同",点击"保存"。

填写"放款通知",点击右上角"新增",填写新增信息,点击"保存"。

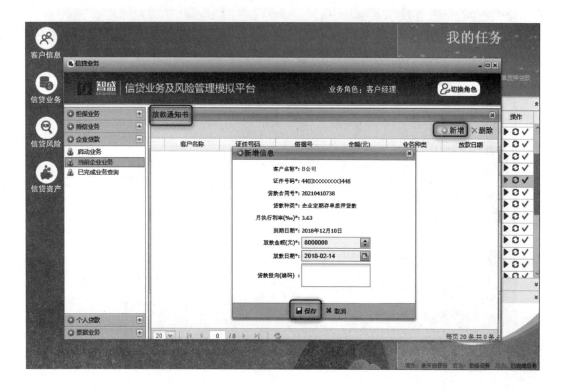

完成各项资料填写后，点击表格下方的"执行"按钮。

切换角色至"支行信贷科长"，点击"执行"按钮。

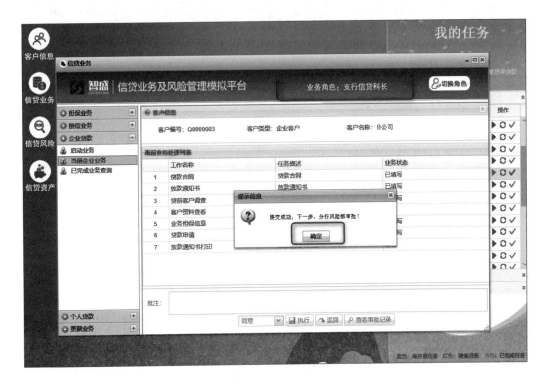

切换角色至"分行风险部专员",点击"执行"按钮。

切换角色至"分管行长",点击"执行"按钮,通过审核。

再次切换角色至"客户经理",点击"执行"按钮,确认完成企业定期存单质押贷款业务。

完成该任务后,在"我的任务"中点击"√"提交任务,系统自动给出得分。

3.4 企业临时贷款

3.4.1 开启任务与任务详情

（1）开启任务

在"我的任务"中找到企业临时贷款业务，点击"▶"开启任务。

（2）任务详情

点击"我的任务"中"企业临时贷款"栏，查看"任务详情"。注意，本项任务需要先依次启并完成"保证人担保审批"业务和"单项授信"业务，再启动"企业临时贷款"业务。

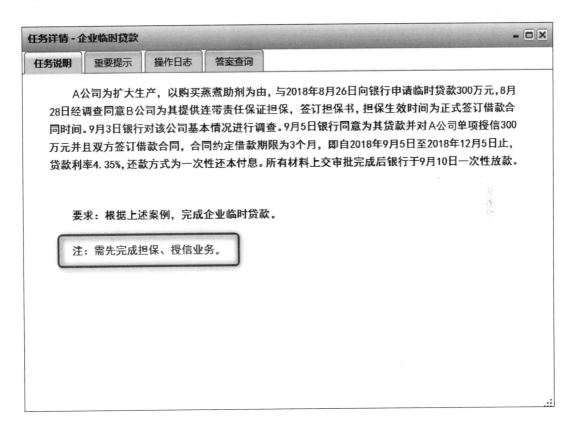

3.4.2 任务操作

先依次启并完成动"保证人担保审批"业务（参考2.1小节内容）和"单项授信"业务，（参考2.6小节内容）。

完成上述两项任务后，可以从"任务详情"中查询操作日记。

	操作时间	IP地址	业务种类	业务名称	当前操作	下一步
1	2021-10-17 17:09:00	125.88.24.192	授信业务	单项授信	审批结束	
2	2021-10-17 17:08:50	125.88.24.192	授信业务	单项授信	分管行长审批	客户经理业务确认
3	2021-10-17 17:08:41	125.88.24.192	授信业务	单项授信	分行风险部审批	分管行长审批
4	2021-10-17 17:08:32	125.88.24.192	授信业务	单项授信	支行信贷审批	分行风险部专员审批
5	2021-10-17 17:08:21	125.88.24.192	授信业务	单项授信	授信受理	支行信贷科长审批
6	2021-10-17 17:06:41	125.88.24.192	担保业务	保证人担保审批	审批结束	
7	2021-10-17 17:06:28	125.88.24.192	担保业务	保证人担保审批	分管行长审批	客户经理业务确认
8	2021-10-17 17:06:20	125.88.24.192	担保业务	保证人担保审批	分行风险部审批	分管行长审批
9	2021-10-17 17:06:09	125.88.24.192	担保业务	保证人担保审批	支行信贷审批	分行风险部专员审批
10	2021-10-17 17:05:59	125.88.24.192	担保业务	保证人担保审批	担保受理	支行信贷科长审批

以"客户经理"角色在"企业贷款"业务类型下选择"企业临时贷款",点击"进入"按钮。

	业务种类	业务代码
1	企业流动资金贷款	101
2	企业房地产贷款	102
3	企业定期存单质押贷款	103
4	企业临时贷款	104
5	企业固定资产贷款	105
6	企业仓单质押贷款	107
7	企业按揭贷款	108
8	企业贷款展期	199

在"客户类型"中选择指定的客户，点击"启动"按钮或者双击客户栏启动任务。

双击相应的栏目，填写相关的信息。

填写"贷款申请",点击"保存"。注意:月基准利率 = 年基准利率/12,月执行利率 = [年基准利率 × (1 ± 浮动利率)]/12。

填写"业务担保信息",其中合同号请查询上述"担保业务"中"保证人审批"信息。

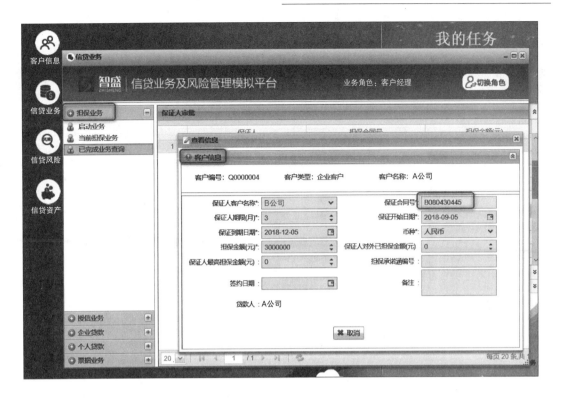

填写"贷前客户调查"，点击"保存"。注意：表格中需要填入内容，否则会被扣分。

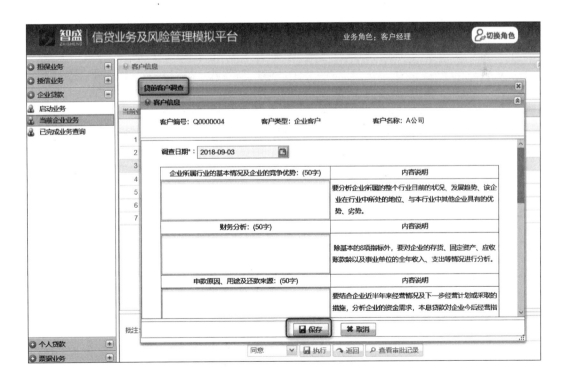

填写"贷款合同",点击"保存"。

填写"放款通知书",点击"保存",完成资料的填写。

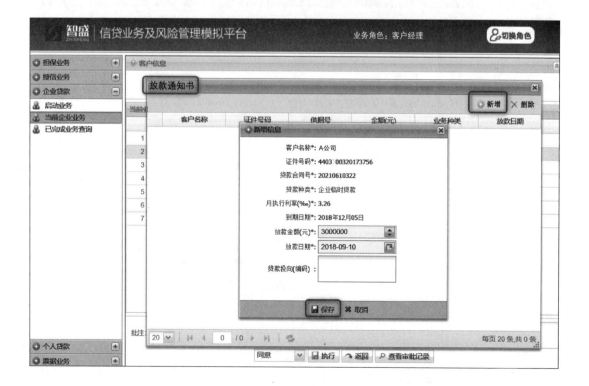

回到"当前业务处理列表"，点击"执行"按钮。

依次切换角色至"支行信贷科长""分行风险部专员""分管行长""客户经理"分别点击"执行"，完成"企业临时贷款"业务。

完成该任务后，在"我的任务"中点击"√"提交任务，系统自动给出得分。

3.5　企业固定资产贷款

企业固定资产贷款业务与3.4小节操作步骤是类似的，可参考3.4小节操作步骤，这里不作详述。

3.6　企业仓单质押贷款

企业仓单质押贷款业务与3.4小节操作步骤是类似的，可参考3.4小节操作步骤，这里不作详述。

3.7　企业按揭贷款

企业按揭贷款业务与3.4小节操作步骤是类似的，可参考3.4小节操作步骤，这里不作详述。

3.8　企业贷款展期

企业贷款展期业务与3.4小节操作步骤是类似的，可参考3.4小节操作步骤，这里不作详述。

4

信贷任务操作案例展示（三）：
个人贷款

4.1　个人大额经营性贷款

4.1.1　开启任务与任务详情

（1）开启任务

在"我的任务"中找到个人大额经营性贷款业务，点击"▶"开启任务。

（2）任务详情

弹出"任务详情"，查看任务说明。首先要完成"抵押物担保审批"业务。

任务详情 - 个人大额经营性贷款　　　　　　　　　　　　　　　　　_ □ ✕

| **任务说明** | 重要提示 | 流程提示 | 操作日志 | 答案查询 |

　　做外贸的王先生接了一个月交货的订单，但急需50万元的周转资金。假若丢掉这笔订单，打拼了10年的国外市场就会彻底丢掉，企业也将面临破产，于是2 18年1月20日王先生向银行申请了个人大额经营性贷款50万元，1月24日经调查同意王先生以价值80万元的房产做抵押，并做抵押登记。1月27日银行对王先生的基本情况进行调查后同意为其贷款，2月1日双方签订借款合同，合同约定借款期限为5年，贷款利率为4.75%，还款方式为等额本息还款。所有材料审批完成后银行与2月7日放款。

　　要求：根据案例，完成个人大额经营性贷款。

　　注：需先完成担保业务。

打开桌面"客户信息"图标，可以查看客户信息。

4.1.2　任务操作

点击桌面信贷业务。

选择角色为客户经理。

启动"抵押物担保审批"业务。

完成担保业务。

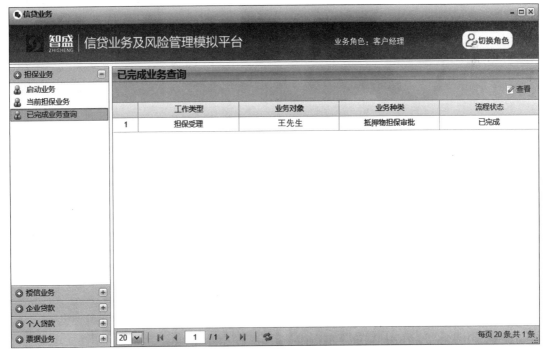

启动"个人大额经营性贷款"业务。

查看需要完成的任务清单，依次填写相应的内容。

填写个人贷款申请。

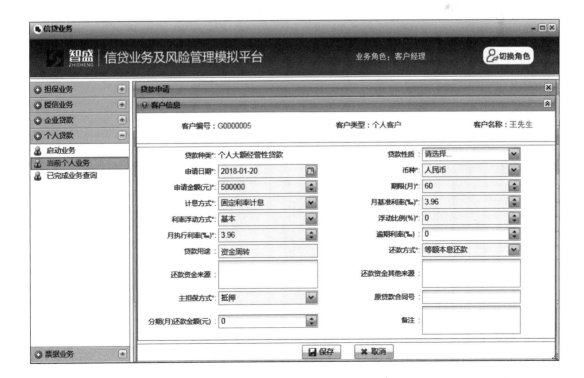

填写新增业务担保信息。

填写个人贷款合同。

填写新增放款通知书。

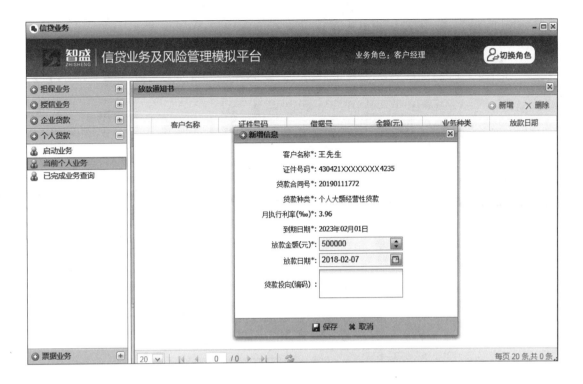

填写贷前客户调查。注意：表格中需要填入内容，否则会被扣分。

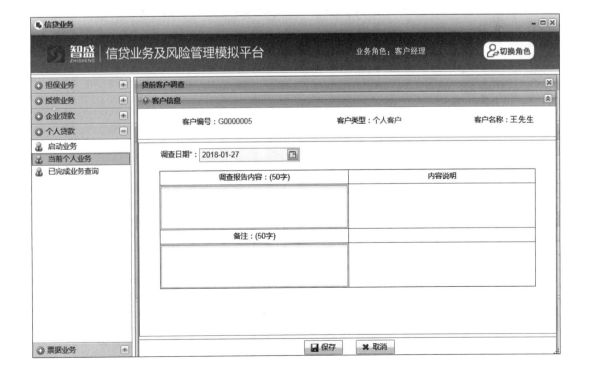

依次填写"个人贷款申请""业务担保信息""个人贷款合同""放款通知书""贷前客户调查",完成后,点击"执行"按钮。

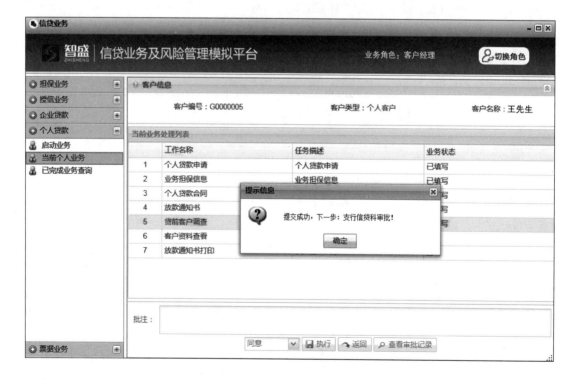

根据提示，依次切换角色至"支行信贷科长""分行风险部专员""分管行长""客户经理"，分别点击"受理"或"执行"或"确认"。

完成该任务后，在"我的任务"中点击"√"提交任务，系统自动给出得分。然后可以查看操作日志和任务答案。

4.2 个人住房贷款

4.2.1 开启任务与任务详情

（1）开启任务

在"我的任务"中找到个人住房贷款业务，点击"▶"开启任务。

（2）任务详情

查看任务说明，了解具体的记录资料。操作个人住房贷款业务之前，需要先完成抵押物担保审批。

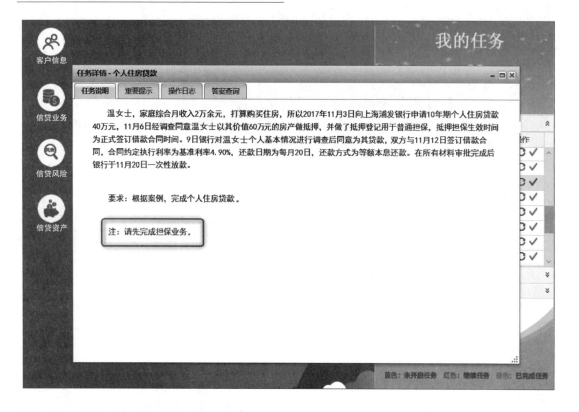

查看重要提示，了解业务操作的要点。

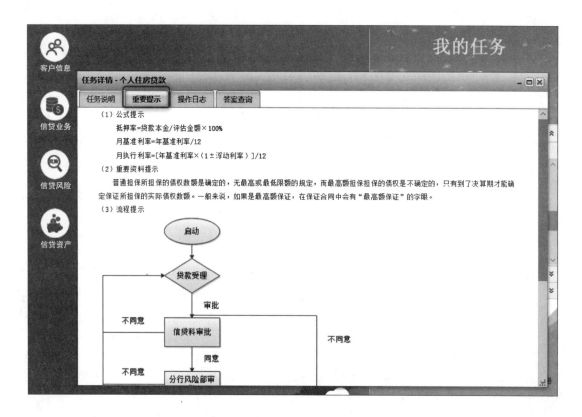

4.2.2 任务操作

首先参考 2.2 小节内容完成抵押物担保业务。

在"个人贷款"业务类型中，选择指定的客户，双击或者点击"启动"按钮，启动个人住房贷款。

选择客户。

在当前个人业务中查看当前业务处理列表，根据任务详情提供的信息完成相应资料的填写。

填写贷款申请并保存。

填写贷前客户调查并保存。注意：表格中需要填入内容，否则会被扣分。

填写业务担保信息并保存,其中合同号可以通过查询"担保业务—已完成业务查询—抵押物审批"查询。

其中,抵押合同号可以在抵押贷款业务中查询。

填写贷款合同并保存。

在放款通知书中填写新增信息并保存。

点击"执行"按钮完成个人住房贷款受理。

根据提示，依次切换角色至"支行信贷科长""分行风险部专员""分管行长""客户经理"，点击"执行"按钮完成个人住房贷款业务确认。

在已完成业务查询中查看已完成记录列表。

完成该任务后，在"我的任务"中点击"√"提交任务，系统自动给出得分。

4.3　个人房屋装修贷款

个人房屋装修贷款任务与 4.1 小节和 4.2 小节的操作步骤是类似的，可参考以上任务的操作步骤，这里不作详述。

4.4　个人汽车消费贷款

个人汽车消费贷款任务与 4.1 小节和 4.2 小节的操作步骤是类似的，可参考以上任务的操作步骤，这里不作详述。

4.5　个人小额存单质押贷款

个人小额存单质押贷款任务与 4.1 小节和 4.2 小节的操作步骤是类似的，可参考以上任务的操作步骤，这里不作详述。

4.6　个人住房公积金贷款

4.6.1　开启任务与任务详情

（1）开启任务
打开"我的任务"，选择"个人住房公积金贷款"，点击"▶"开启任务。

（2）任务详情
在操作个人住房公积金贷款业务之前，需要先完成抵押物担保审批业务。查看重要提示。

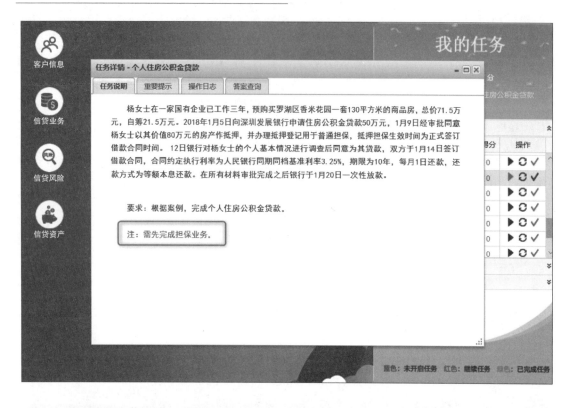

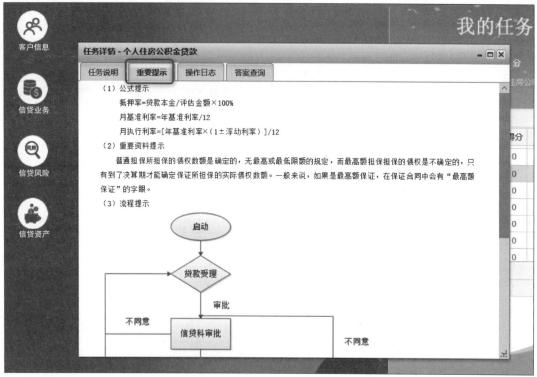

4.6.2　任务操作

首先参考 2.2 小节内容，完成抵押物担保审批业务。

在个人贷款业务类型中，选择个人住房公积金贷款，双击记录栏或者点击"进入"按钮进入客户列表。

　　选择指定客户，双击客户名或者"启动"按钮启动个人住房公积金贷款业务。

　　点击"当前个人业务"，打开当前业务处理列表，根据任务详情完成相应的资料填写。

依次填写个人贷款申请资料填写并保存。

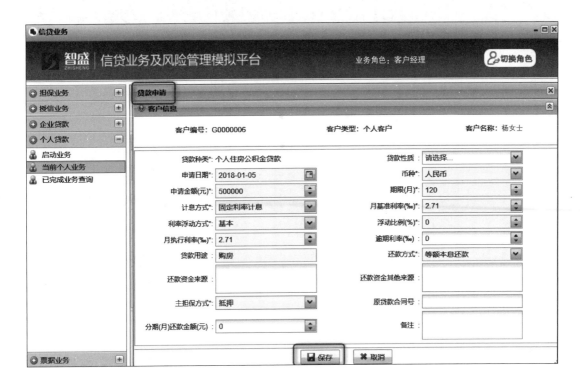

进行业务担保信息资料，选择新增信息，完成填写并保存。其中合同号可以在"担保业务"中的"已完成业务查询"。

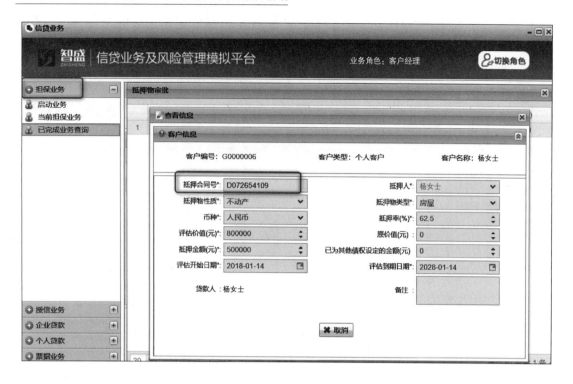

　　填写贷前客户调查并保存，注意：表格中需要填入内容，否则会被扣分。

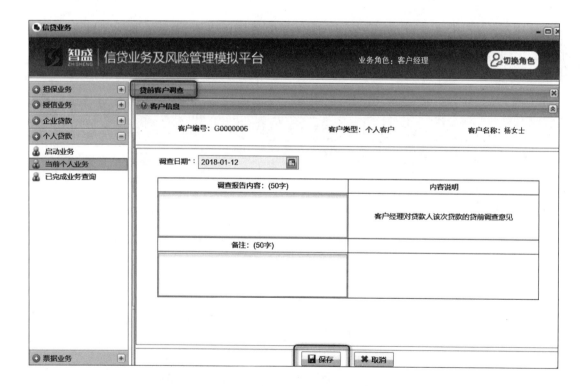

填写个人贷款合同并保存。

打开放款通知书，填写新增信息并保存。

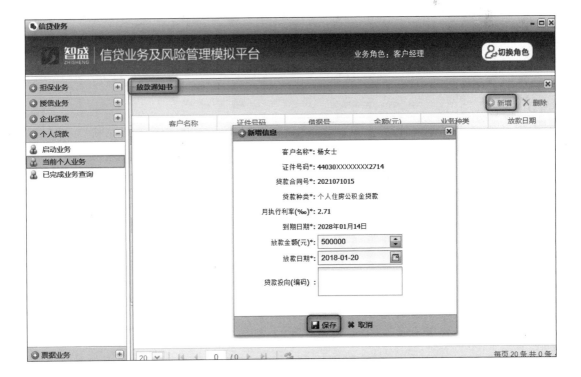

点击"执行"按钮，完成个人住房公积金贷款业务受理。

按照提示，切换角色至"支行信贷科长"，点击"执行"按钮，完成审批。

按照提示，切换角色至"分行风险部专员"，点击"执行"按钮，完成审批。

按照提示，切换角色至"分管行长"，点击"执行"按钮，完成审批。

按照提示，切换角色至"客户经理"，点击"执行"按钮，完成个人住房公积金贷款业务确认。

已完成业务查询中查看完成业务列表。

完成该任务后，在"我的任务"中点击"√"提交任务，系统自动给出得分。

4.7　个人助学贷款

个人助学贷款任务与4.1小节和4.2小节的操作步骤是类似的，可参考以上任务的操作步骤，这里不作详述。

4.8　个人失业小额担保贷款

个人失业小额担保贷款任务与4.1小节和4.2小节的操作步骤是类似的，可参考以上任务的操作步骤，这里不作详述。

4.9　个人商业用房贷款

个人商业用房贷款任务与4.1小节和4.2小节的操作步骤是类似的，可参考以上任务的操作步骤，这里不作详述。

4.10　个人行内职工消费贷款

个人行内职工消费贷款任务与4.1小节和4.2小节的操作步骤是类似的，可参考以上任务的操作步骤，这里不作详述。

4.11　个人贷款展期

4.11.1　开启任务与任务详情

（1）开启任务
在"我的任务"，选择"个人贷款展期"，点击"▶"开启任务。
（2）任务详情
点击"我的任务"中"个人贷款展期"栏，查看"任务详情"。注意需要先完成"抵押物担保审批"和"个人大额经营性贷款"操作，再操作"个人贷款展期"业务。

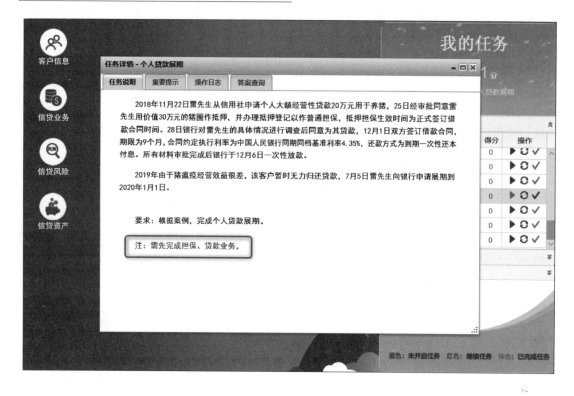

4.11.2　任务操作

导入客户信息后，分别启动并完成"抵押物担保审批"（请参考 2.2 小节抵押物担保审批业务）和"个人大额经营性贷款"（请参考 4.1 小节个人大额经营性贷款业务）。

	操作时间	IP地址	业务种类	业务名称	当前操作	下一步
1	2021-10-18 16:13:20	125.88.24.192	个人贷款	个人大额经营性贷款	审批结束	
2	2021-10-18 16:13:10	125.88.24.192	个人贷款	个人大额经营性贷款	分管行长审批	客户经理业务确认
3	2021-10-18 16:12:58	125.88.24.192	个人贷款	个人大额经营性贷款	分行风险部审批	分管行长审批
4	2021-10-18 16:12:47	125.88.24.192	个人贷款	个人大额经营性贷款	支行信贷审批	分行风险部专员审批
5	2021-10-18 16:12:34	125.88.24.192	个人贷款	个人大额经营性贷款	贷款受理	支行信贷科长审批
6	2021-10-18 15:54:40	125.88.24.192	担保业务	抵押物担保审批	审批结束	
7	2021-10-18 15:54:29	125.88.24.192	担保业务	抵押物担保审批	分管行长审批	客户经理业务确认
8	2021-10-18 15:54:20	125.88.24.192	担保业务	抵押物担保审批	分行风险部审批	分管行长审批
9	2021-10-18 15:54:12	125.88.24.192	担保业务	抵押物担保审批	支行信贷审批	分行风险部专员审批
10	2021-10-18 15:54:03	125.88.24.192	担保业务	抵押物担保审批	担保受理	支行信贷科长审批

以"客户经理"角色，选择"个人贷款"业务类型，选定"个人贷款展期"，点击"进入"按钮或者双击启动"个人贷款展期"业务。

填写"个人贷款展期申请"。

填写"个人贷款展期申请",点击"保存"按钮。

在切换角色至客户经理时,点击"当前个人业务"界面中的按"执行"按钮,完成客户资料填写。

　　根据提示，依次切换角色至"支行信贷科长""分行风险部专员""分管行长""客户经理"，点击"执行"按钮，完成"个人贷款展期"业务。

　　完成该任务后，在"我的任务"中点击"√"提交任务，系统自动给出得分。

5

信贷任务操作案例展示（四）：表外业务

5.1 商业汇票贴现

5.1.1 开启任务与任务详情

（1）开启任务

在"我的任务"中点击"▶"开启任务。

（2）任务详情

开启任务之后，弹出"任务详情"，查看任务说明、任务流程。

任务详情-商业汇票贴现   ─ □ ✕

| 任务说明 | 重要提示 | 操作日志 | 答案查询 |

　　2019年1月10日，H公司向银行申请开具银行承兑汇票业务，1月15日经审批同意B公司为其提供连带责任普通担保，并单项授信最高额900万元。1月20日双方签订银行承兑汇票承兑合同并签发汇票一张，合同约定，票面金额900万元，汇票期限为6个月，即2019年1月20日至2019年7月20日，还款方式为等额本金还款。

　　2019年3月17日由A公司于销售货物给H公司，但是H公司因资金周转困难无法支付货款，所以现将未到期的900万元汇票向银行贴现。3月20日银行核对基本情况后同意贴现，银行年贴现利率为3.6%，银行按票面金额的万分之五收取手续费。

附汇票信息

出票人全称：H公司

出票人账号：12115101104000××××

开户银行：安徽省农业银行某支行

行号：31430707××××

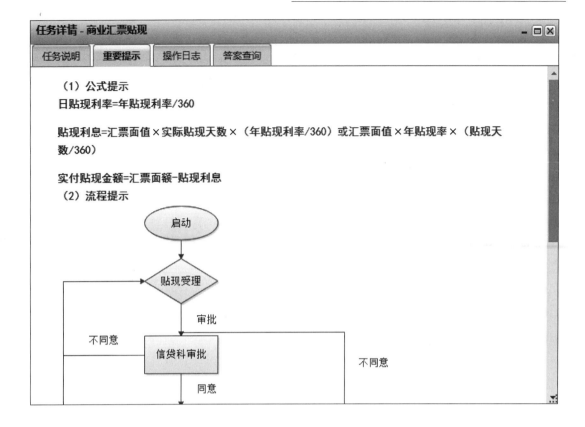

打开桌面"客户信息"，可以查看客户信息。

	客户类型	客户编号	客户名称
5	个人客户	G0000005	王先生
6	个人客户	G0000006	杨女士
7	个人客户	G0000007	李女士
8	个人客户	G0000008	杜女士
9	个人客户	G0000009	戴女士
10	个人客户	G0000010	雷先生
11	企业客户	Q0000001	D公司
12	企业客户	Q0000002	E公司
13	企业客户	Q0000003	B公司
14	企业客户	Q0000004	A公司
15	企业客户	Q0000005	F公司
16	企业客户	Q0000006	C公司
17	企业客户	Q0000007	G公司
18	企业客户	Q0000008	H公司
19	企业客户	Q0000009	I公司
20	企业客户	Q0000010	J公司

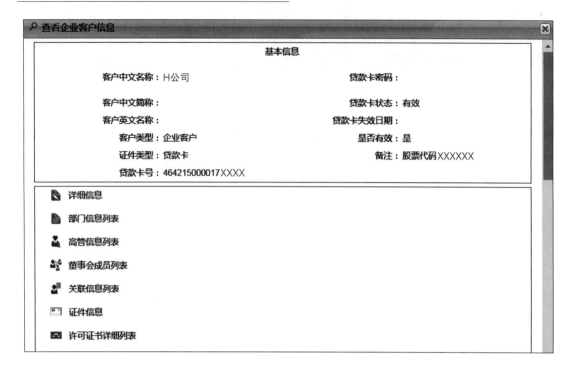

5.1.2 任务操作

首先参考 2.1 小节内容完成保证人担保业务。

完成授信业务。

启动票据业务。双击"商业汇票贴现"。

在客户类型中选择业务对象 H 公司。

查看需要完成的贴现任务列表。依次完成任务列表中的任务项资料填写。

完成贴现申请。

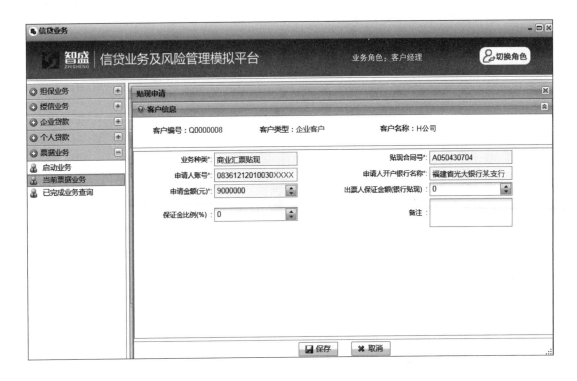

填写新增汇票信息。

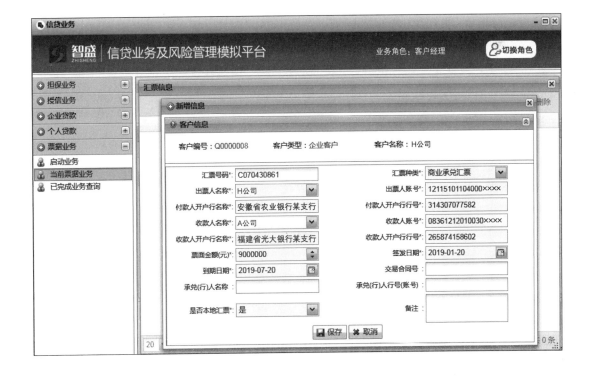

填写新增贴现凭证。

填写贴现协议。

填写贴现客户调查报告。注意：表格中需要填入内容，否则会被扣分。

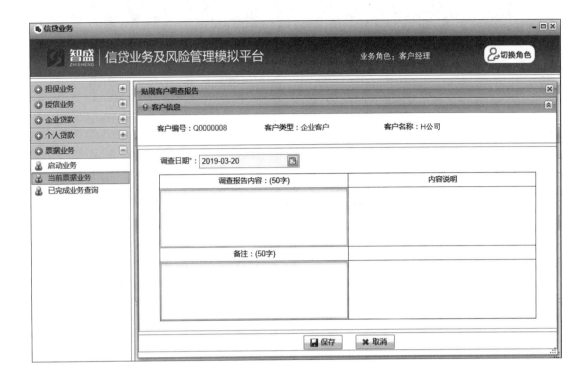

提交任务，切换角色至"支行信贷科长"。

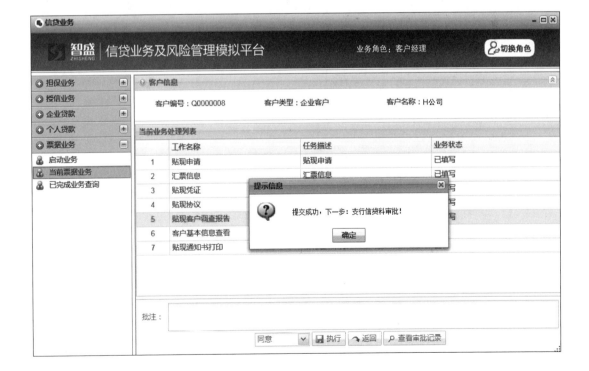

受理"商业汇票贴现"。

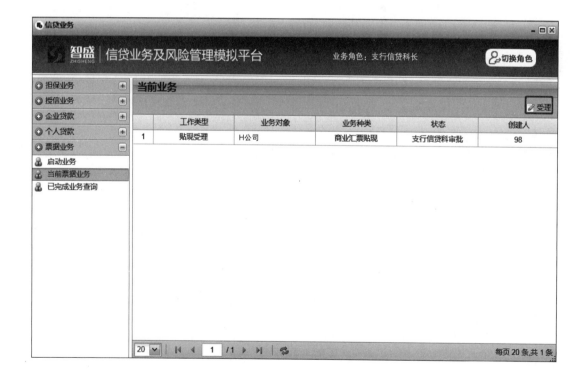

提交审批。

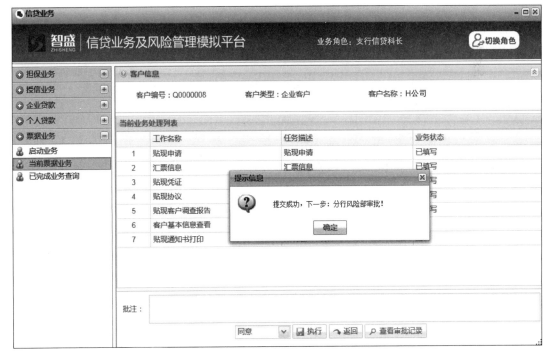

根据提示，切换角色至"分行风险部专员"。

审批商业汇票贴现。

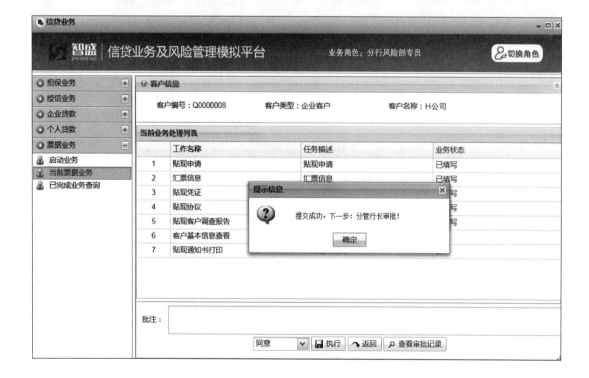

根据提示，切换角色至"分管行长"。

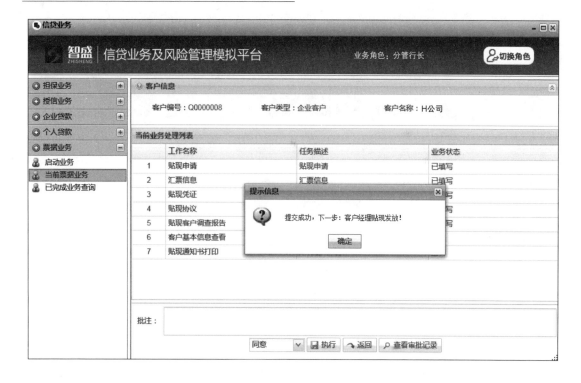

根据提示，切换角色至"客户经理"，完成贴现发放，流程结束。

完成该任务后，在"我的任务"中点击"√"提交任务，系统自动给出得分。任务提交之后可以查看操作日志和答案。根据提示，重做任务。

5.2 全额保证金银行承兑

5.2.1 开启任务与任务详情

（1）开启任务

在"我的任务"中点击"▶"开启任务。

（2）任务详情

2018年9月1日年B公司因支付货款向中国建设银行某支行申请票据业务，9月6日经审批同意该公司以价值35万元的汽车作为抵押，并办理抵押登记，抵押担保生效时间为签发汇票时间。9月10日银行对B公司的基本情况进行调查。9月15日银行同意该企业银行承兑全额保证金单项授信审批，授信额度为20万元并签署相关承兑合同，申请人以全额保证金存入承兑人指定的保证金专户，还款方式为一次性还本付息。银行当日为 B 公司开出承兑汇票一张，票面金额 20 万元，期限为 6 个月，银行按票面金额的万分之五收取手续费，汇票到期后用销售货物的营业收入来偿还。该公司用该汇票支付 H 公司货款，具体汇票信息如下。

附汇票信息

出票人全称：B 公司

出票人账号：07561212010030××××

开户银行：中国建设银行某支行

行号：32587129××××

收款人全称：H 公司

收款人账号：48565101104000××××

开户银行：中国农业银行某支行

行号：32148975××××

要求：根据题意，完成全额保证金银行承兑

注：需先完成担保、授信业务

5.2.2 任务操作

操作"全额保证金银行承兑"业务之前，首先要完成抵押物担保审批和业务。

选择客户经理角色分别开启并完成"抵押物担保审批"（参考 2.2 小节内容）和"单项授信"（参考 2.6 小节内容）。

	操作时间	IP地址	业务种类	业务名称	当前操作	下一步
1	2021-10-18 17:27:03	125.88.24.192	授信业务	单项授信	审批结束	
2	2021-10-18 17:26:55	125.88.24.192	授信业务	单项授信	分管行长审批	客户经理业务确认
3	2021-10-18 17:26:45	125.88.24.192	授信业务	单项授信	分行风险部审批	分管行长审批
4	2021-10-18 17:26:36	125.88.24.192	授信业务	单项授信	支行信贷审批	分行风险部专员审批
5	2021-10-18 17:26:28	125.88.24.192	授信业务	单项授信	授信受理	支行信贷科长审批
6	2021-10-18 17:19:19	125.88.24.192	担保业务	抵押物担保审批	审批结束	
7	2021-10-18 17:19:09	125.88.24.192	担保业务	抵押物担保审批	分管行长审批	客户经理业务确认
8	2021-10-18 17:19:00	125.88.24.192	担保业务	抵押物担保审批	分行风险部审批	分管行长审批
9	2021-10-18 17:18:51	125.88.24.192	担保业务	抵押物担保审批	支行信贷审批	分行风险部专员审批
10	2021-10-18 17:18:41	125.88.24.192	担保业务	抵押物担保审批	担保受理	支行信贷科长审批

在信贷业务页面业务类型中选择"票据业务"。以"客户经理"角色启动"全额保证金银行承兑"业务。

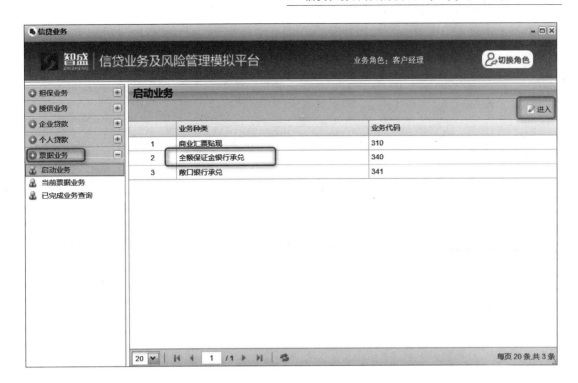

选择指定的客户，双击进入"当前业务处理列表"，逐一填写资料。

填写“承兑汇票申请”，点击“保存”。

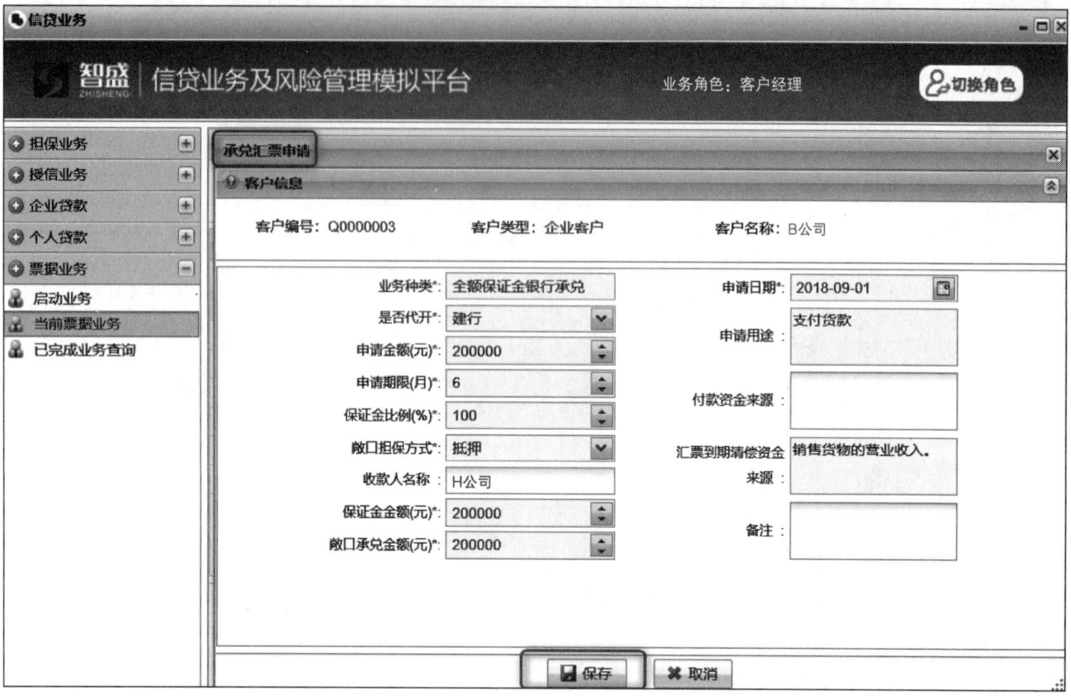

填写“贷前客户调查”，点击“保存”。注意：表格中需要填入内容，否则会被扣分。

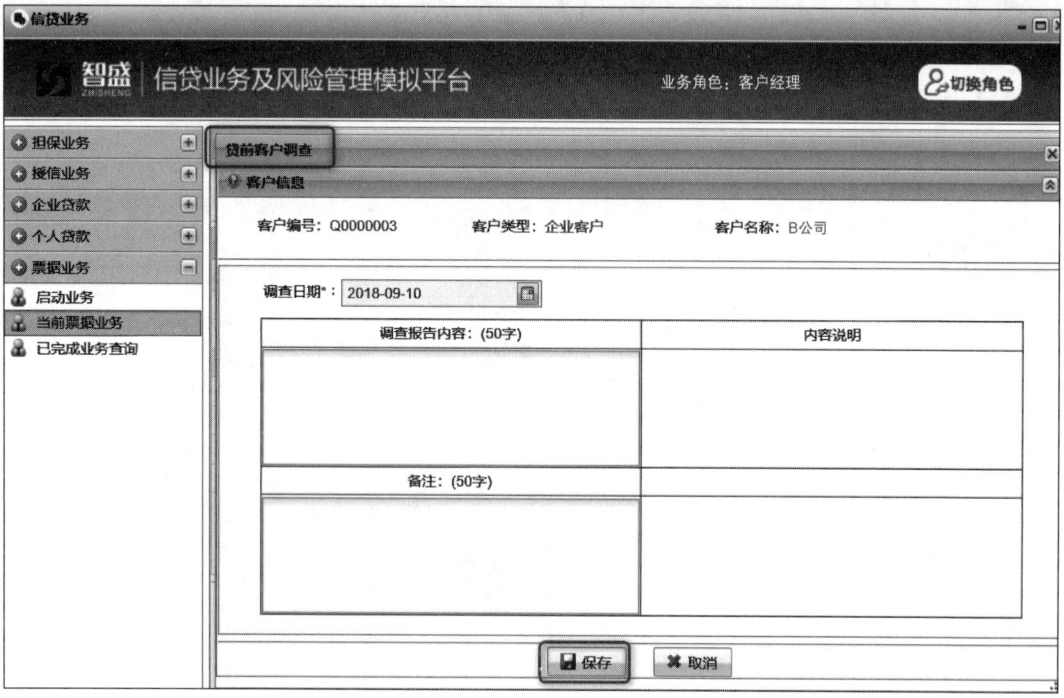

填写"汇票信息"并保存。

填写"承兑协议"并保存。

回到"当前业务处理列表"并执行。

根据提示，依次切换角色为"分行信贷科长""分行风险部专员""分管行长""客户经理"，分别点击"执行"按钮，完成任务。

完成该任务后，在"我的任务"中点击"√"提交任务，系统自动给出得分。在"答案查询"中核对答案。

| 任务详情 - 全额保证金银行承兑 | | | | | | | | | _ ⊡ × |

任务说明 | **重要提示** | **操作日志** | **答案查询**

抵押物担保审批

			抵押物审批（步骤分:3)							
参考答案	抵押人	抵押物性质	抵押物类型	币种	抵押率(%)	评估价值(元)	抵押金额(元)	评估开始日期	评估到期日期
	B公司	动产	车辆	人民币	57.14	350000.00	200000.00	2018年09月15日	2019年03月15日
学生答案	抵押人	抵押物性质	抵押物类型	币种	抵押率(%)	评估价值(元)	抵押金额(元)	评估开始日期	评估到期日期
	B公司	动产	车辆	人民币	5.71	350000.00	200000.00	2018年09月15日	2019年03月15日

	担保客户经理意见（步骤分:1)	
不符项目	参考答案	学生答案
调查日期	2018年09月06日	2018年09月10日

全额保证金银行承兑

	承兑汇票申请（步骤分:2)	
不符项目	参考答案	学生答案
敞口承兑金额(元)	0	200000.00

5.3 敞口银行承兑

5.3.1 开启任务与任务详情

（1）开启任务

在"我的任务"中点击"▶"开启任务。

（2）任务详情

2019年2月26日G公司因业务发展需要向陕西省农业银行某支行申请敞口银行承兑业务，3月1日经审批同意由D公司提供担保，并签订保证协议，担保生效时间为签发汇票时间。3月5日银行对该公司的基本情况进行调查。3月8日陕西省农业银行某支行同意给G公司进行单项授信，授信额度为1000万元并且双方签订合同，规定还款方式为等额本金还款，期限6个月。规定申请人按照承兑金额的30%作为保证金存入承兑人指定的保证金专户，银行按票面金额的万分之五收取手续费，银行于当日开具额度1000万元的汇票一张，汇票到期后用营业收入来清偿。

C公司之前销售货物给G公司，所以G公司将该汇票作为货款支付，汇票到期日为

2019 年 9 月 8 日。

　　附汇票信息

　　出票人全称：G 公司

　　出票人账号：48565101104000 × × × ×

　　开户银行：中国农业银行某支行

　　行号：32187690 × × × ×

　　收款人全称：C 公司

　　收款人账号：07561212010030 × × × ×

　　开户银行：中国建设银行某支行

　　行号：31579012 × × × ×

　　注：需先完成担保、授信业务

5.3.2　任务操作

　　在操作敞口银行承兑业务之前，需要先完成"保证人担保审批"和"单项授信"业务。

　　分别开启并完成"保证人担保审批"（参考 2.1 小节内容）和"单项授信"业务（参考 2.6 小节内容）。

	操作时间	IP地址	业务种类	业务名称	当前操作	下一步
1	2021-10-18 18:18:24	125.88.24.192	授信业务	单项授信	审批结束	
2	2021-10-18 18:18:15	125.88.24.192	授信业务	单项授信	分管行长审批	客户经理业务确认
3	2021-10-18 18:18:06	125.88.24.192	授信业务	单项授信	分行风险部审批	分管行长审批
4	2021-10-18 18:17:58	125.88.24.192	授信业务	单项授信	支行信贷审批	分行风险部专员审批
5	2021-10-18 18:17:50	125.88.24.192	授信业务	单项授信	授信受理	支行信贷科长审批
6	2021-10-18 18:16:27	125.88.24.192	担保业务	保证人担保审批	审批结束	
7	2021-10-18 18:16:19	125.88.24.192	担保业务	保证人担保审批	分管行长审批	客户经理业务确认
8	2021-10-18 18:16:10	125.88.24.192	担保业务	保证人担保审批	分行风险部审批	分管行长审批
9	2021-10-18 18:16:01	125.88.24.192	担保业务	保证人担保审批	支行信贷审批	分行风险部专员审批
10	2021-10-18 18:15:53	125.88.24.192	担保业务	保证人担保审批	担保受理	支行信贷科长审批

以"客户经理"角色选择"票据业务"业务类型，选择"敞口银行承兑"，双击"敞口银行承兑"栏或者点击"进入"按钮，进入业务界面。

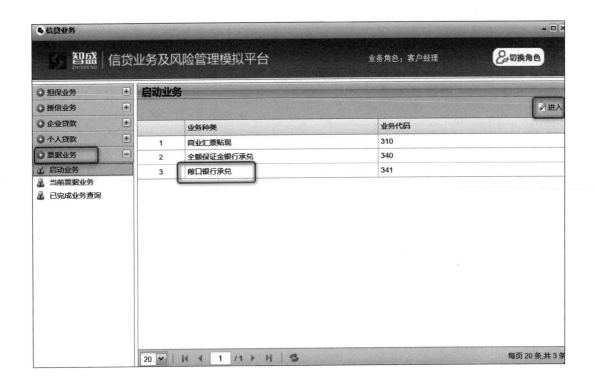

选择指定客户，启动业务。

填写相应的客户信息。

填写"承兑汇票申请"并保存。

填写"贷前客户调查"并保存。注意：表格中需要填入内容，否则会被扣分。

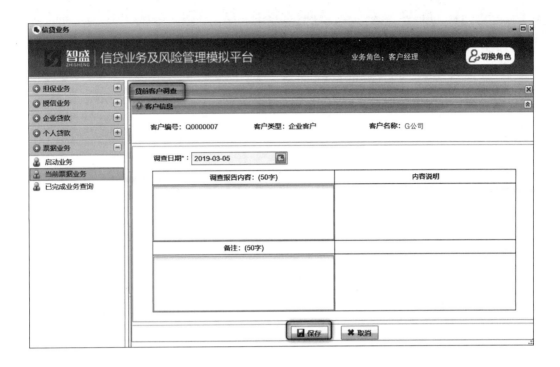

填写"汇票信息"。

填写"承兑协议"。

客户经理选择"执行"。

根据提示，依次切换角色至"支行信贷科长""分行风险部专员""分管行长""客户经理"，分别点击"执行"按钮，完成任务。

完成该任务后，在"我的任务"中点击"√"提交任务，系统自动给出得分。在任务详情的"答案查询"中核对答案。

6

信用风险任务操作案例展示

6.1　企业信用评估

6.1.1　开启任务与任务详情

（1）开启任务

点击"我的任务"中"企业信用评估"栏的"▶"图标，开启任务。

（2）任务详情

E公司成立于2005年，主要经营电缆分支箱、环网柜、各种中压开关柜、柱上分界开关等中高压智能环保开关系列产品。注册资金1.047亿元，是北京市高新技术民营企业，公司产业发展获得了当地政府的大力支持，研发的产品在市场上占有比较重要的地位，竞争力相对较好。E公司在这十几年的发展中各项财务制度健全、组织框架完善、有很清晰的发展方向，管理者具有极其丰富的管理经验。拥有现代化生产制造基地，厂房占地40000平方米。

公司由于研发新产品有时会资金不足，需要向银行贷款以解决资金周转问题，根据查询记录显示，E公司能够按时偿还每笔贷款，不曾出现逾期。截至2018年末，信贷员根据公司提交的资料对其进行信用评估，信用等级评定所需的数据如表6-1和表6-2所示：

表6-1　　　　　　　　　　　　信用等级评定基础系数表1　　　　　　　　单元：万元

序号	项目名称	数据	序号	项目名称	数据
1	年度销售收入	8130	4	待处理财产损失	—
2	年度利润总额	402	5	年末负债总额	6783
3	年度资产总额	9317	6	年末流动负债总额	6783

续表

序号	项目名称	数据	序号	项目名称	数据
7	年末流动资产总额	7517	13	呆滞贷款余额	—
8	年末所有者权益	2534	14	呆账贷款余额	—
9	年初所有者权益	2054	15	应付利息	148.56
10	应收账款平均余额	1883	16	实付利息	148.56
11	年末贷款余额	4952	17	流动资产平均余额	5829
12	逾期贷款余额	—	18	全部资产平均余额	7710

表 6 – 2　　　　　　　　　　信用等级评定基础系数表 2　　　　　　　　单位：万元

序号	项目名称	数据	序号	项目名称	数据
1	年度销售收入	8130	10	应收账款平均余额	1883
2	年度利润总额	402	11	年末贷款余额	4952
3	年度资产总额	9317	12	逾期贷款余额	—
4	待处理财产损失	—	13	呆滞贷款余额	—
5	年末负债总额	6783	14	呆账贷款余额	—
6	年末流动负债总额	6783	15	应收利息	148.56
7	年末流动资产总额	7517	16	实收利息	148.56
8	年末所有者权益	2534	17	流动资产平均余额	5829
9	年初所有者权益	2054	18	全部资产平均余额	7710

6.1.2　任务操作

点击桌面左侧"信贷风险"图标，选择"客户经理"角色，点击确定，进入启动页面。

选择"企业信用评估",点击"进入"按钮或者双击"企业信用评估"栏进入客户选择页面。

选择指定客户,双击或者点击"启动"按钮,开启业务。

填写企业信用评估体系资料并提交。

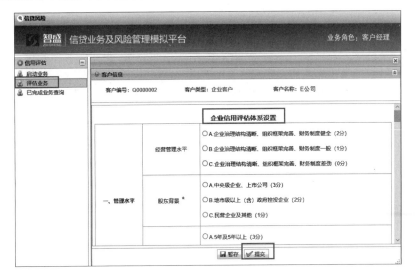

公式提示如下：

净资产＝资产总额－负债总额

资产负债率＝负债总额/资产总额×100%

流动比率＝期末流动资产总额/期末流动负债总额×100%

流动资金周转率＝流动资产平均余额/年度销售收入×360天

应收账款占用率＝应收账款平均余额/年度销售收入×100%

不良贷款占用率＝期末不良贷款余额/期末贷款余额×100%

全部资产利润率＝年度利润总额/全部资产平均余额×100%

贷款利率偿付率＝实付贷款利息/应付贷款利息×100%

资本增长率＝(期末所有者权益－期初所有者权益)/期初所有者权益×100%

点击"执行"按钮。

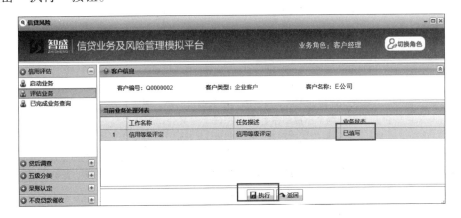

查看已完成任务。

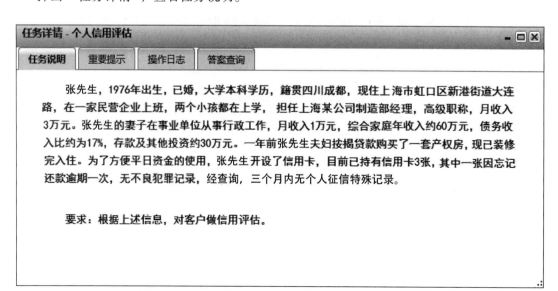

完成该任务后，在"我的任务"中点击"√"提交任务，系统自动给出得分。

6.2　个人信用评估

6.2.1　开启任务与任务详情

（1）开启任务

在"我的任务"中点击"▶"开启任务。

（2）任务详情

弹出"任务详情"，查看任务说明。

任务详情 - 个人信用评估

| 任务说明 | 重要提示 | 操作日志 | 答案查询 |

张先生，1976年出生，已婚，大学本科学历，籍贯四川成都，现住上海市虹口区新港街道大连路，在一家民营企业上班，两个小孩都在上学，担任上海某公司制造部经理，高级职称，月收入3万元。张先生的妻子在事业单位从事行政工作，月收入1万元，综合家庭年收入约60万元，债务收入比约为17%，存款及其他投资约30万元。一年前张先生夫妇按揭贷款购买了一套产权房，现已装修完入住。为了方便平日资金的使用，张先生开设了信用卡，目前已持有信用卡3张，其中一张因忘记还款逾期一次，无不良犯罪记录，经查询，三个月内无个人征信特殊记录。

要求：根据上述信息，对客户做信用评估。

6.2.2   任务操作

打开桌面客户信息，查看客户信息。

点击桌面左侧"信贷风险"图标。

选择角色，首先选择"客户经理"角色。

启动"个人信用评估"。

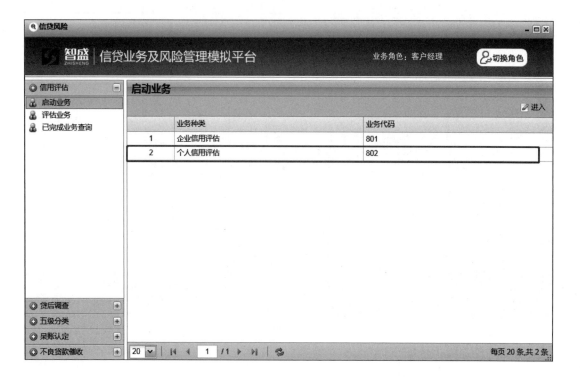

选择评估业务，进行信用等级评估。

填写信用等级评定。

提交评估业务。

提交任务之后可看到评估结果。

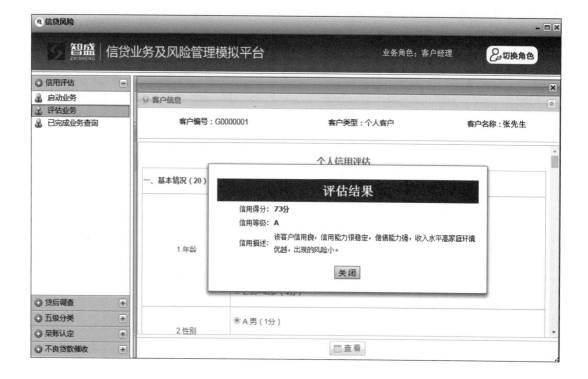

完成该任务后，在"我的任务"中点击"√"提交任务，系统自动给出得分。

6.3　企业贷后调查

6.3.1　开启任务与任务详情

（1）开启任务

打开"我的任务"，点击"▶"开启任务。

（2）任务详情

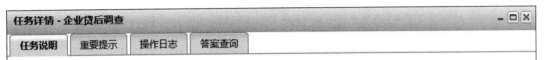

任务详情 - 企业贷后调查

任务说明　重要提示　操作日志　答案查询

　　H公司成立于1996年，注册资金500万元。主营业务是化工、特种纤维、建材产品生产，现具有年产25万吨聚乙烯醇（PVA）、1.5万吨高强高模PVA纤维、300万吨环保水泥及熟料、6万吨差别化聚酯切片、1.5万吨聚醋酸乙烯乳液（白乳胶）、热电联产年自发电量4.5亿千瓦时的生产能力。

　　2018年3月9日H公司由于接到一批较大的订单，原材料采购出现了资金缺口，并因此向银行申请400万元的流动资金贷款，以评估值300万元房产和评估值300万元的机器设备作为抵押担保，期限两年，银行同意了该项申请并发放了贷款。公司收到该笔贷款后全部用于采购原材料增加库存，资金的及时到位让该笔订单顺利完成因此也让公司的销售额增加不少，资金的稳定使得公司能够按时还贷。截至2019年第一季度，公司总资产为221300万元，总负债为124000万元，贷款总额为4300万元，贷款期间抵押物以及担保情况均正常，经征信系统查询公司无特殊记录。预计在未来几年，公司还会不断拓展业务需求，稳定发展。

　　要求：根据上述信息，完成企业贷后调查。

6.3.2　任务操作

　　点击主页左侧"信贷风险"图标，以"客户经理"角色进入界面，选择"企业贷后调查"，点击"进入"按钮或者双击"企业贷后调查"栏启动业务。

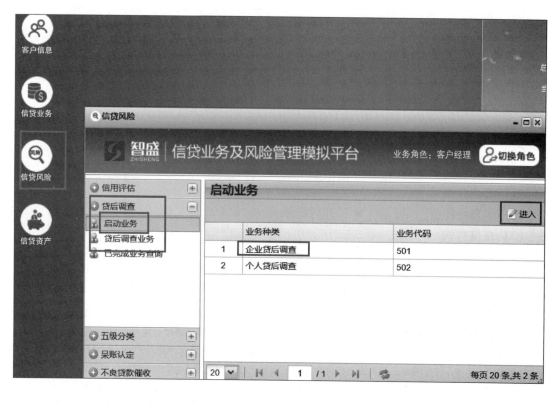

填写"企业贷后调查"并提交。

完成该任务后，在"我的任务"中点击"√"提交任务，系统自动给出得分。

<h1 style="text-align:center">6.4　个人贷后调查</h1>

6.4.1　开启任务与任务详情

（1）开启任务

在"我的任务"中点击"▶"开启任务。

（2）任务详情

任务详情 - 个人贷后调查

任务说明　　重要提示　　操作日志　　答案查询

　　2019年10月8日银行风险管理部对贷款资金风险进行审查，现对王先生个人贷款情况进行调查。相关信息如下：

　　王先生，男，现年28岁，未婚，现住深圳市南山区前海湾花园一期四栋，个人资产约1200万元，收入稳定，有一套房产，该房产市场价格为80万元。经征信查询借款人无个人征信特殊记录，有过违规记录但对贷款的偿还无影响。2018年王先生通过抵押该房产向银行申请了50万元的大额经营性贷款，期限为5年，王先生将该笔贷款用于开拓市场周转资金，自贷款之日起能够按时偿还贷款，无其他不良贷款记录。该笔贷款使得王先生的国外市场业务更稳定，让该笔贷款更具保障性。

　　要求：根据上述信息，完成个人贷后调查。

6.4.2　任务操作

点击主页左侧"信贷风险"图标，以客户经理角色选择"个人贷后调查"。

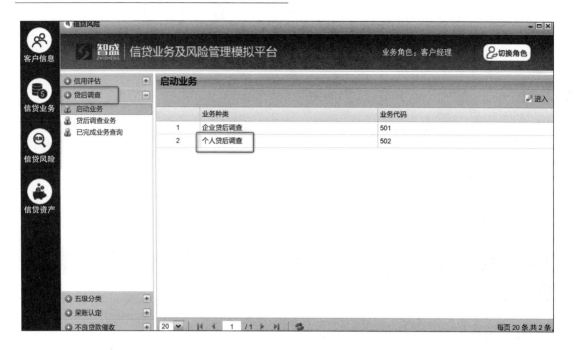

点击右上角"进入"或者双击"个人贷后调查"栏，打开客户列表，选择指定客户，启动业务。

填写个人信用评估表，并提交。

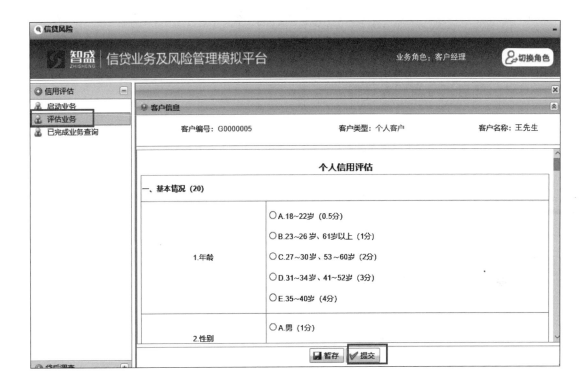

点击"执行"按钮完成评估。流程结束。

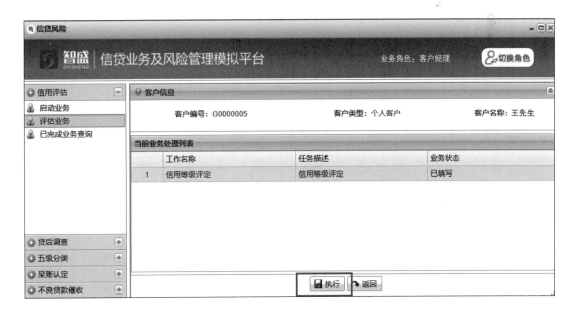

完成该任务后，在"我的任务"中点击"√"提交任务，系统自动给出得分。

6.5 五 级 分 类

6.5.1 开启任务与任务详情

(1) 开启任务

在"我的任务"中点击"▶"开启任务。

(2) 任务详情

需要先完成保证人担保审批业务和个人大额经营性贷款业务，再进行五级分类业务操作。

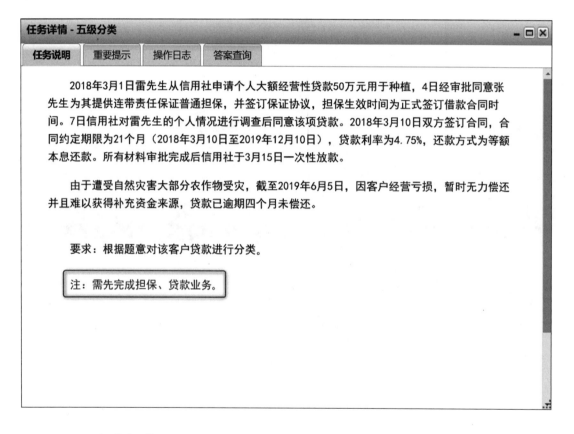

任务详情 - 五级分类

任务说明　重要提示　操作日志　答案查询

　　2018年3月1日雷先生从信用社申请个人大额经营性贷款50万元用于种植，4日经审批同意张先生为其提供连带责任保证普通担保，并签订保证协议，担保生效时间为正式签订借款合同时间。7日信用社对雷先生的个人情况进行调查后同意该项贷款。2018年3月10日双方签订合同，合同约定期限为21个月（2018年3月10日至2019年12月10日），贷款利率为4.75%，还款方式为等额本息还款。所有材料审批完成后信用社于3月15日一次性放款。

　　由于遭受自然灾害大部分农作物受灾，截至2019年6月5日，因客户经营亏损，暂时无力偿还并且难以获得补充资金来源，贷款已逾期四个月未偿还。

　　要求：根据题意对该客户贷款进行分类。

　　注：需先完成担保、贷款业务。

6.5.2 任务操作

首先完成保证人担保审批业务（请参考 2.1 小节内容）和个人大额经营性贷款业务（请参考 4.1 小节内容）。

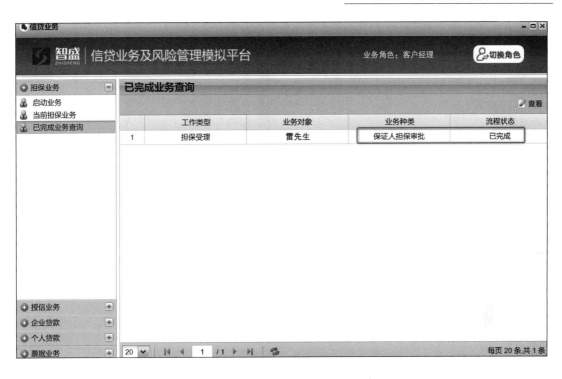

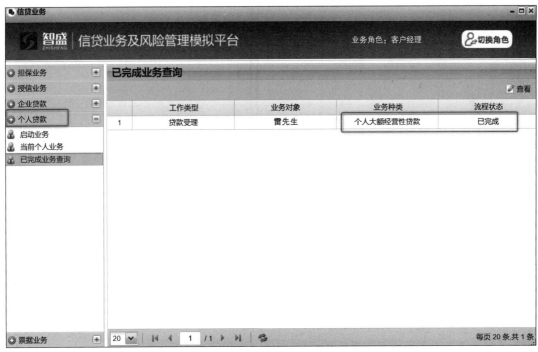

　　点击主页左侧"信贷风险"图标，以客户经理角色选择"五级分类"业务。

　　点击页面左边"五级分类"业务中"个人贷款手工分类"；在打开的页面中填写客户名称，选择分类状态，再点击"查询"，即可出现项目信息资料。双击项目栏，或者选定项目后点击右上角"分类"按钮进行五级分类。

根据任务详情，查看贷款的严重程度，选择相应的分类，点击"保存"。

在任务详情中查看操作日志。

完成该任务后，在"我的任务"中点击"√"提交任务，系统自动给出得分。

6.6　呆账认定

6.6.1　开启任务与任务详情

（1）开启任务

打开"我的任务"，选择"呆账认定"，点击"▶"开启任务。

（2）任务详情

任务详情 - 呆账认定

| 任务说明 | 重要提示 | 操作日志 | 答案查询 |

2018年5月1日，I公司因扩大生产规模向银行申请流动资金贷款1000万元。5月4日经审批同意该公司以一栋价值1500万元的办公楼抵押作普通担保，并办理抵押登记，抵押担保生效时间为正式签订借款合同时间。5月7日银行对该公司的基本情况进行调查。5月9日银行同意为其贷款并对广东汕头超声电子股份有限公司进行了年度统一授信，授信额度为1000万元并且双方签订借款合同，合同约定贷款利率在基准利率4.75%的基础上下浮10%，借款期限为3年即2018年5月9日至2021年5月9日为止，还款方式为等额本息还款。所有材料审批完成后银行于5月15日一次性放款。

2019年8月10日，I公司在中外债权人面前宣布将申请破产。8月16日广东省高级人民法院院长吕先生对外公告，认定I公司及其全部子公司，因不能清偿到期境内外债务，符合法定破产条件，裁定进入破产还债程序，由法院指定的清算组接管破产企业。

要求：根据题意，完成呆账认定。

注：需先依次完成担保、授信、贷款业务。

注意，在操作呆账认定业务之前，需要完成抵押物担保审批、单项授信和流动资金贷款业务。

6.6.2 任务操作

以客户经理角色分别开启并完成抵押物担保审批（参考2.2小节内容）、单项授信（参考2.6小节内容）和流动资金贷款业务（参考3.1小节内容）。

以客户经理角色选择桌面左侧"信贷风险"图标，启动呆账认定业务。

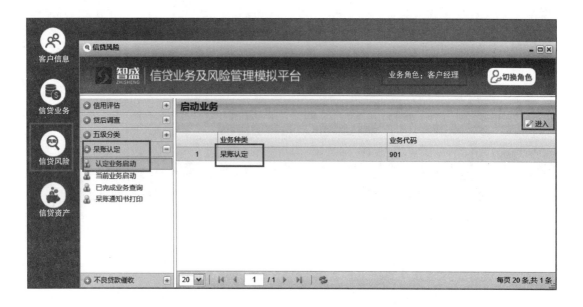

根据任务详情填写呆账认定资料，点击"保存"。

根据提示，分别切换角色至"支行信贷科长""分行风控部专员""分管行长""客户经理"完成呆账认定业务。

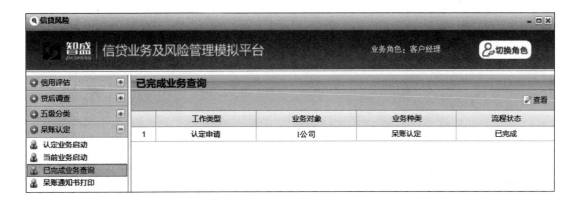

完成该任务后，在"我的任务"中点击"√"提交任务，系统自动给出得分。

6.7 不良贷款催收

6.7.1 开启任务与任务详情

（1）开启任务

打开"我的任务"，选择"不良贷款催收"业务，点击"▶"开启任务。

（2）任务详情

注意：在操作不良贷款催收业务之前，先要完成保证人担保审批与个人大额经营性贷款。

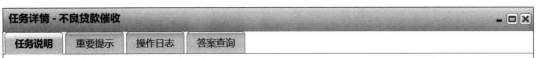

借款人杜女士，贷款用途为购买精煤，2018年9月20日向银行申请个人经营性贷款50万元。9月24日经审批同意由杨女士提供连带责任保证普通担保，并签订保证书，担保生效时间为正式签订借款合同时间。9月27日银行信贷员对杜女士的基本情况进行调查后，认为厂区正常生产，符合银行贷款条件。10月1日双方签订借款合同，利率为4.35%，期限1年，还款方式为按期付息还本，规定每个季度最后一个月的20日还款。所有材料审批完成后银行于10月5日一次性放款。

由于市场行情不景气，该客户前两个季度能按时偿还贷款，到第三个季度时厂区经营情况出现恶化，销售额明显下降，库存大，无足够现金流偿还贷款，第三季度偿还贷款出现逾期。因此银行决定于2019年8月22日对第三个季度的贷款进行催收。截至9月10日，客户还清逾期贷款。

要求：根据题意，完成不良贷款催收。

注：需先依次完成担保、贷款业务。

6.7.2 任务操作

完成保证人担保审批业务。

完成个人大额经营性贷款业务。

点击桌面左边"信贷风险"图标，启动呆账认定，选择"不良贷款催收"业务。

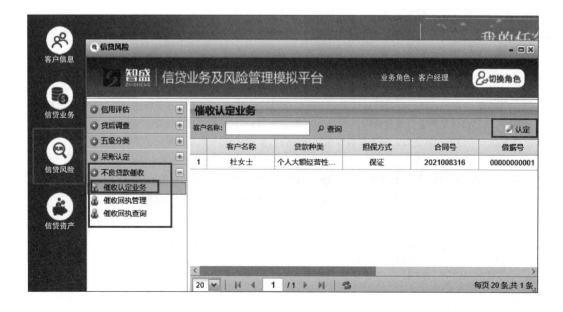

填写催收通知书并提交。

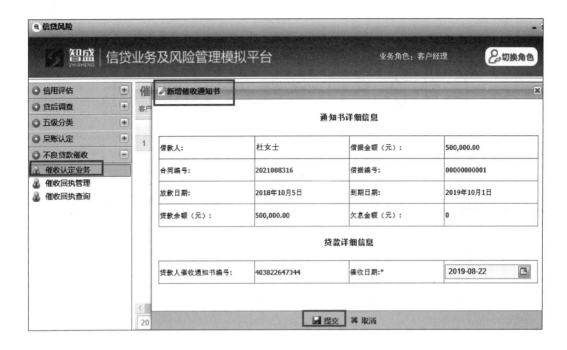

填写催收回执管理并提交。

完成该任务后，在"我的任务"中点击"√"提交任务，系统自动给出得分。

7

信贷资产任务操作案例展示

7.1 贷款诉讼

7.1.1 开启任务与任务详情

（1）开启任务

打开"我的任务"，点击"▶"开启任务。

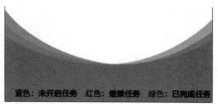

（2）任务详情

弹出"任务详情"，查看任务说明。

任务详情 - 贷款诉讼 — □ ×

| **任务说明** | 重要提示 | 操作日志 | 答案查询 |

　　2016年3月5日，戴女士因经营资金困难向中国工商银行武汉市某支行申请个人大额经营性贷款100万元。3月8日经审批同意张先生提供连带责任保证普通担保，并签订保证书。3月12日银行对戴女士的基本情况进行调查后同意为其贷款。3月15日双方签订借款合同，合同约定，借款期限5年，执行利率为人民银行同期同档基准利率4.75%，还款方式为等额本息还款。所以材料审批完成后3月22日中国工商银行武汉市某支行发放贷款。

　　戴女士供款不久后因经营不善倒闭破产贷款断供，其担保人也未代偿。截至2019年，戴女士尚欠中国工商银行武汉市某支行贷款本金584,510.28元、利息98,023.96元，银行在2019年4月1日向戴女士发起贷款催收，截至5月1日催收未果。中国工商银行武汉市某支行于2019年5月3日对戴女士及担保人提起诉讼，法院要求判令戴女士还清全部贷款本息、张先生承担连带责任。

　　要求：根据题意，完成贷款诉讼。

　　注：需先依次完成担保、贷款、呆账认定、不良贷款催收业务。

7.1.2　任务操作

在桌面左侧找到"客户信息"，双击查看选定的客户信息。

客户信息 — □ ×

智盛 ZHISHENG | 信贷业务及风险管理模拟平台

客户类型：请选择客户类型... × ▾　🔍 查询　　　　　　🔍 查看客户详情

	客户类型	客户编号	客户名称
1	个人客户	G0000001	张先生
2	个人客户	G0000002	张先生
3	个人客户	G0000003	夏先生
4	个人客户	G0000004	温女士
5	个人客户	G0000005	王先生
6	个人客户	G0000006	杨女士
7	个人客户	G0000007	李女士
8	个人客户	G0000008	杜女士
9	个人客户	G0000009	戴女士
10	个人客户	G0000010	雷先生
11	企业客户	Q0000001	D公司
12	企业客户	Q0000002	E公司
13	企业客户	Q0000003	B公司
14	企业客户	Q0000004	A公司
15	企业客户	Q0000005	F公司
16	企业客户	Q0000006	C公司

20 ▾ ｜◀ ◀ 1 /1 ▶ ▶｜ ⟳　　　每页20条共20条

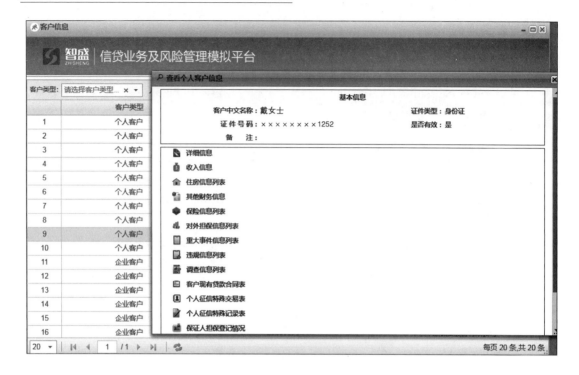

在桌面左侧找到并点击"信贷业务"图标，完成担保业务。

完成个人贷款业务。

在桌面左侧找到并点击"信贷风险"图标，选择角色，进行"呆账认定"。

选择认定业务启动。

填写"呆账认定"并保存。

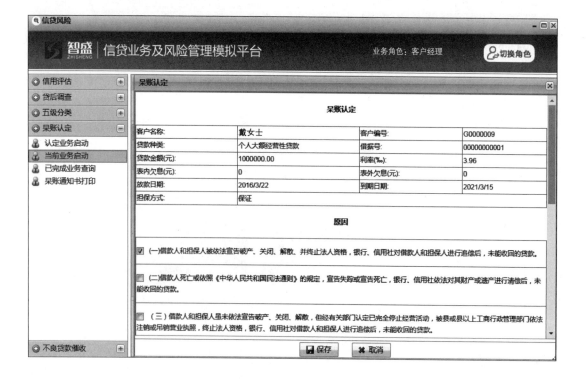

提交"呆账认定"。

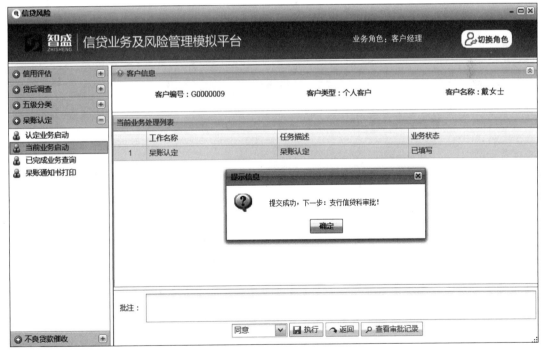

根据提示，切换角色至"支行信贷科长"。

选择"呆账认定"业务，完成审批。

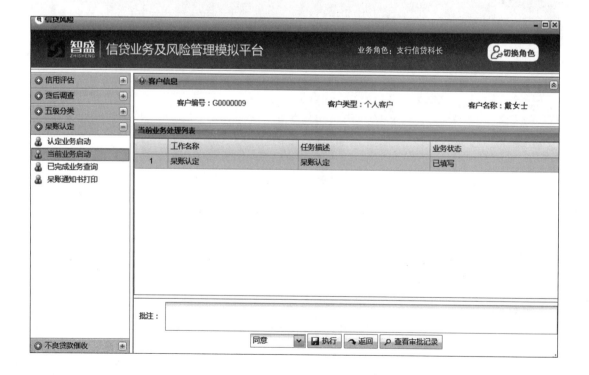

根据提示，切换角色至"分行风险部专员"。

完成呆账认定审批。

根据提示，切换角色至"分管行长"。

任务确认。

在桌面找到并点击"信贷资产"图标。

打开"信贷资产",启动"贷款诉讼"。

查看需完成的诉讼业务列表。依次完成需要填写的资料。

填写"诉讼申请"。

填写贷前客户调查。注意：表格中需要填入内容，否则会被扣分。

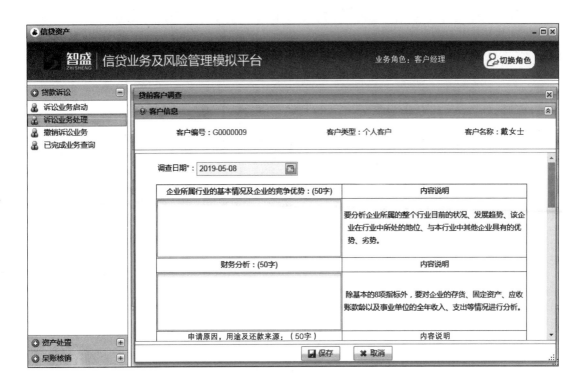

填写"诉讼合同"。

提交"诉讼业务"。

根据提示，切换角色至"支行信贷科长"。

受理"贷款诉讼"。

根据提示，切换角色至"分行风险部专员"。

点击右上角"受理"按钮，或双击"诉讼申请"。受理"贷款诉讼"。

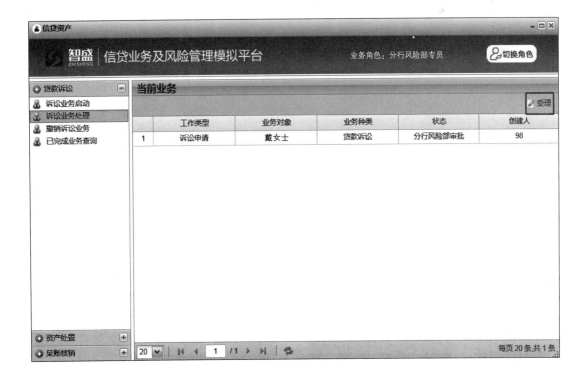

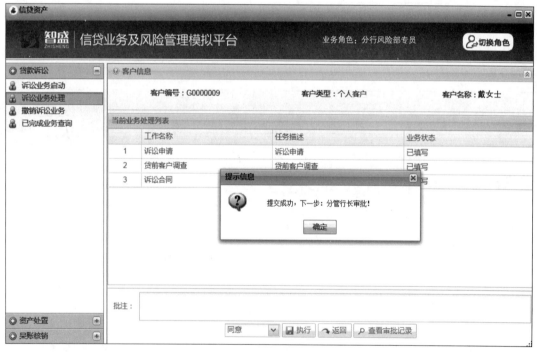

根据提示，切换角色至"分管行长"。

完成贷款诉讼业务。

以"客户经理"角色确认。

完成该任务后，在"我的任务"中点击"√"提交任务，系统自动给出得分。

查看操作日志和答案。根据提示，重做任务。

任务详情 - 贷款诉讼

	操作时间	IP地址	业务种类	业务名称	当前操作	下一步	经办人
1	2019-10-28 16:57:11	192.168.5.118	贷款诉讼	贷款诉讼	诉讼生效		S0001
2	2019-10-28 16:56:52	192.168.5.118	贷款诉讼	贷款诉讼	分管行长审批	客户经理认定生效	S0001
3	2019-10-28 16:54:22	192.168.5.118	贷款诉讼	贷款诉讼	分行风险部审批	分管行长审批	S0001
4	2019-10-28 16:51:39	192.168.5.118	贷款诉讼	贷款诉讼	支行信贷审批	分行风险部专员审批	S0001
5	2019-10-28 16:49:13	192.168.5.118	贷款诉讼	贷款诉讼	诉讼受理	支行信贷科长审批	S0001
6	2019-10-28 15:18:39	192.168.5.118	呆账认定	呆账认定	审批结束		S0001
7	2019-10-28 15:18:19	192.168.5.118	呆账认定	呆账认定	分管行长审批	客户经理业务确认	S0001
8	2019-10-28 15:15:56	192.168.5.118	呆账认定	呆账认定	分行风险部审批	分管行长审批	S0001
9	2019-10-28 15:14:11	192.168.5.118	呆账认定	呆账认定	支行信贷审批	分行风险部专员审批	S0001
10	2019-10-28 15:12:20	192.168.5.118	呆账认定	呆账认定	呆账受理	支行信贷科长审批	S0001
11	2019-10-28 15:08:43	192.168.5.118	个人贷款	个人大额经营性贷款	审批结束		S0001
12	2019-10-28 15:08:35	192.168.5.118	个人贷款	个人大额经营性贷款	分管行长审批	客户经理业务确认	S0001
13	2019-10-28 15:08:27	192.168.5.118	个人贷款	个人大额经营性贷款	分行风险部审批	分管行长审批	S0001
14	2019-10-28 15:08:17	192.168.5.118	个人贷款	个人大额经营性贷款	支行信贷审批	分行风险部专员审批	S0001
15	2019-10-28 15:08:08	192.168.5.118	个人贷款	个人大额经营性贷款	贷款受理	支行信贷科长审批	S0001
16	2019-10-28 15:03:05	192.168.5.118	担保业务	保证人担保审批	审批结束		S0001
17	2019-10-28 15:02:57	192.168.5.118	担保业务	保证人担保审批	分管行长审批	客户经理业务确认	S0001
18	2019-10-28 15:02:49	192.168.5.118	担保业务	保证人担保审批	分行风险部审批	分管行长审批	S0001
19	2019-10-28 15:02:41	192.168.5.118	担保业务	保证人担保审批	支行信贷审批	分行风险部专员审批	S0001
20	2019-10-28 15:02:33	192.168.5.118	担保业务	保证人担保审批	担保受理	支行信贷科长审批	S0001

每页 20 条,共 20 条

任务详情 - 贷款诉讼

任务说明　重要提示　流程提示　操作日志　**答案查询**

个人大额经营性贷款

个人贷款申请 (单步骤分:-3)		
不符项目	参考答案	当前输入
月基准利率(‰)	3.96	2.96

个人贷款合同 (单步骤分:-1)		
不符项目	参考答案	当前输入
月基准利率(‰)	3.96	2.96

对不起，你尚未操作"不良贷款催收"步骤！

7.2 资产处理

7.2.1 开启任务与任务详情

（1）开启任务

打开"我的任务"，选择"资产处理"业务，点击"▶"开启任务。

（2）任务详情

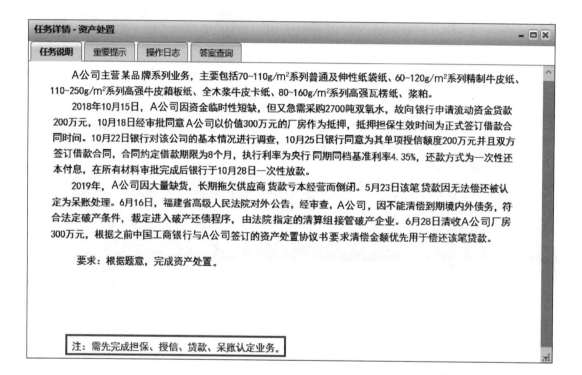

注意：在操作资产处置业务之前，需要先完成抵押物担保审批、单项授信、企业流动资金贷款、呆账认定四项业务。

7.2.2 任务操作

启动并完成抵押物担保审批（参考 2.2 小节内容）。

启动并完成单项授信业务（参考2.6小节内容）。

启动并完成企业流动资金贷款业务（参考3.1小节内容）。

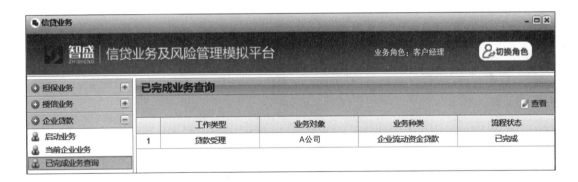

启动并完成呆账认定业务（参考4.6小节内容）。

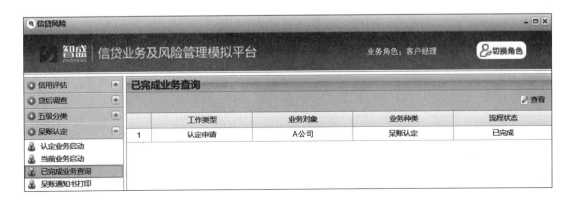

点击桌面左边"信贷风险"图标，以"客户经理"角色启动资产处置业务，填写相关的资产处置情况。

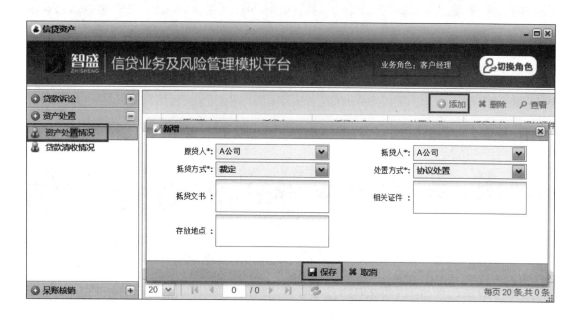

点击贷款清收情况，添加记录，填写贷款清收情况信息，点击保存。其中合同号码和借据号码可以查询企业贷款中的放款通知书。

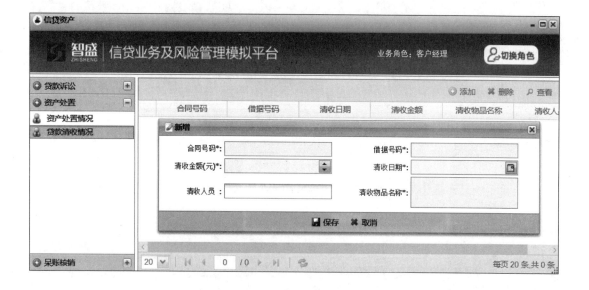

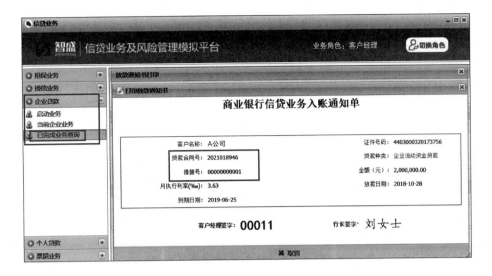

完成该任务后，在"我的任务"中点击"√"提交任务，系统自动给出得分。

7.3 呆 账 核 销

7.3.1 开启任务与任务详情

（1）开启任务
打开"我的任务"，选择"呆账核销"业务，点击"▶"开启任务。

（2）任务详情

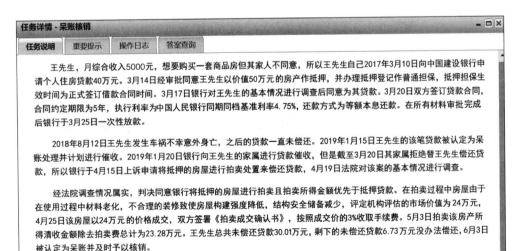

注意：在操作呆账核销业务前，需要先完成抵押物担保审批、个人住房贷款、呆账认定、不良贷款催收、贷款诉讼、资产处置六项业务。

7.3.2 任务操作

完成抵押物担保审批业务（参考 2.1 小节内容）。

完成个人住房贷款业务（参考 4.2 小节内容）。

完成呆账认定业务（参考 5.6 小节内容）。

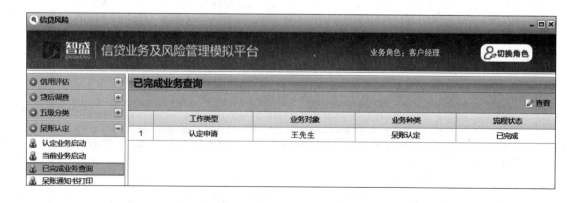

完成不良贷款催收业务（参考 5.7 小节内容）。

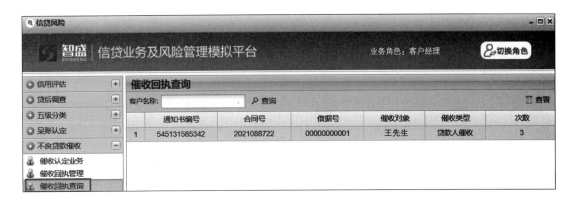

完成贷款诉讼业务（参考6.1小节内容）。

完成资产处置业务（参考6.2小节内容）。

启动呆账核销业务。

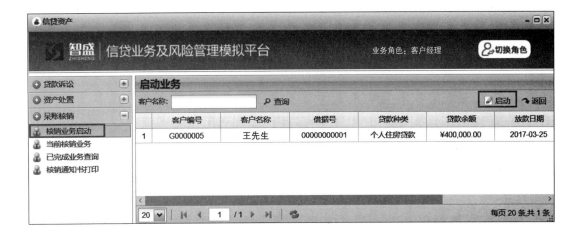

点击"当前核销业务",填写呆坏账详细信息。

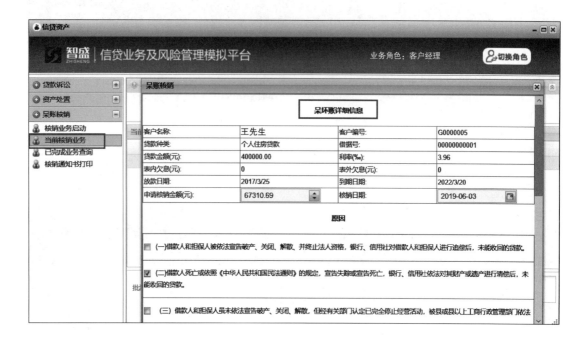

切换角色至"支行信贷科长",点击"执行"按钮。

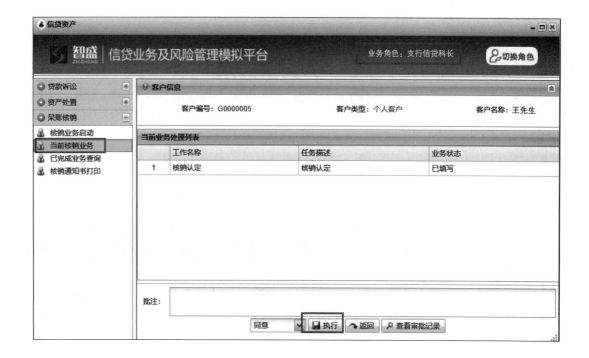

切换角色至"分行风险部专员",点击"执行"按钮。

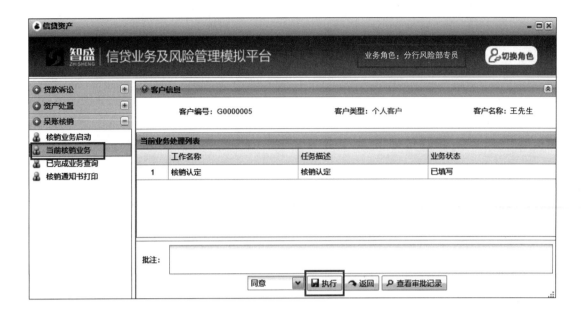

切换角色至"分管行长",点击"执行"按钮。

切换角色至"客户经理",点击"执行"按钮,确认完成任务。

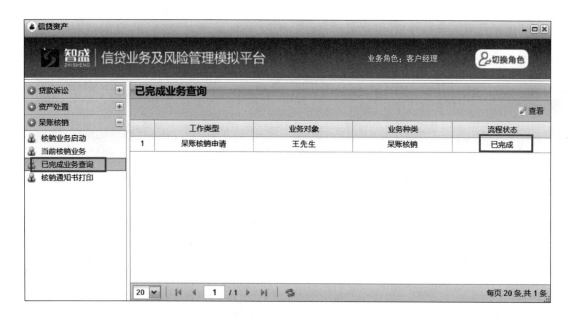

完成该任务后,在"我的任务"中点击"√"提交任务,系统自动给出得分。

8

管理端后台

8.1　后台管理端界面

在智盛云│智慧教育 SaaS 平台首页右上角点击"登录"按钮，在弹出的输入框中输入后台管理账号和密码，点击输入框下端"登录"按钮，即可打开后台管理端界面：

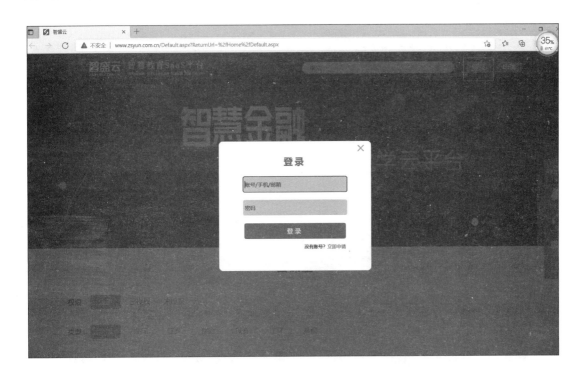

后台管理端首页界面。

8.2　系 统 管 理

点击"课程中心",选择相应的课程,点击"开始操作"按钮,进入系统管理。

8.3 任务管理

点击桌面"任务管理"图标，进入系统任务管理界面。

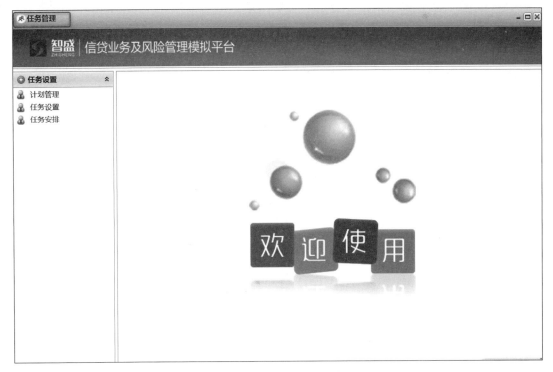

（1）计划管理

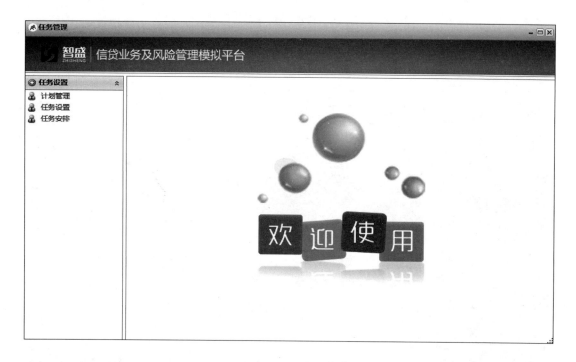

新增计划时，点击左侧"计划管理"，点击右上角"新增"按钮，在弹出的输入框中填写"计划管理—新增"。

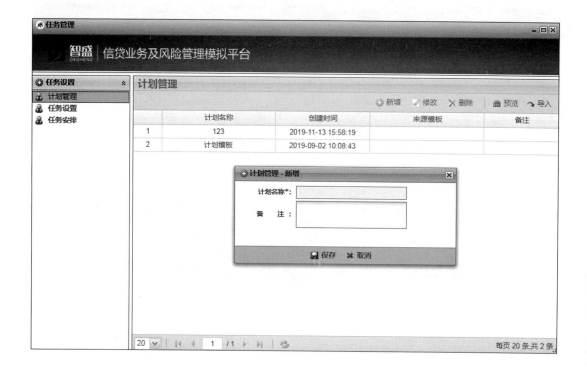

修改计划时，选中其中一条记录进行修改。

删除计划时，如果需要删除计划，选中一条记录，点击"删除"按钮，并确认删除。

导入任务：点击 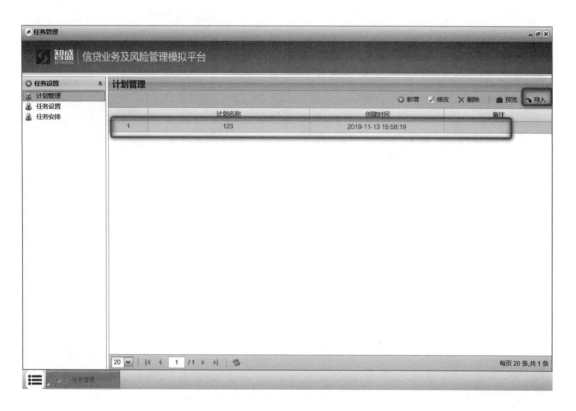，可以导入任务。

选择"计划模版"并保存，随后界面显示"成功"。

（2）任务设置

可以新增、修改、删除任务信息。

新增计划时，选择计划模块，新增具体任务。

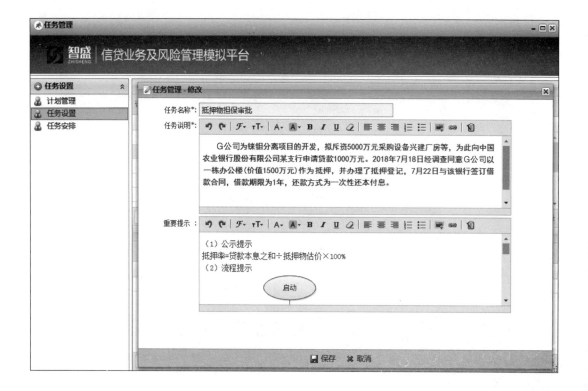

修改时，选中其中一条记录进行修改。

　　删除时，在任务管理中点击需要删除的任务，再点击"删除"按钮，在弹出的对话框中点击"确定"即可删除任务。

（3）任务安排

新增任务安排时，点击左侧"任务安排"，点击右上角"新增"按钮，在弹出的输入框中填写"任务安排—新增"的具体内容。

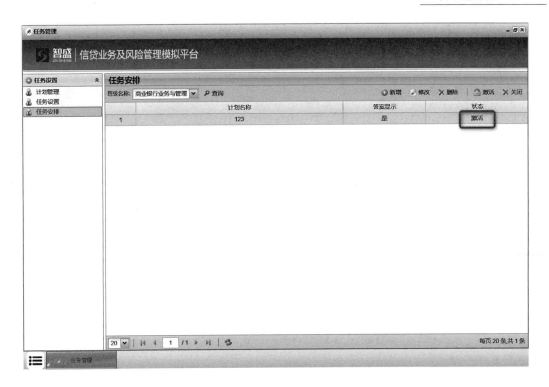

修改任务安排，点击左侧"任务安排"，点击右上角"修改"按钮，在弹出框中填写"任务安排—修改"。

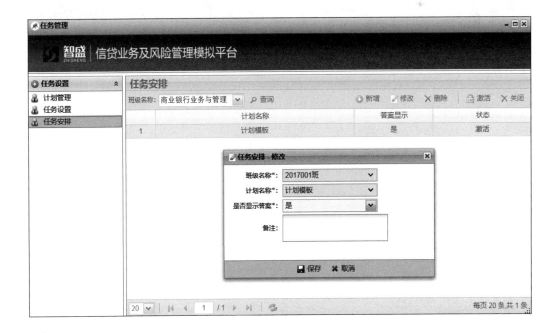

删除任务安排，选中一条记录，点击"删除"按钮，并确认删除。

（4）成绩查询

点击界面左下角的菜单图标，在显示的菜单中选择"成绩查询"。

点击 ，可以导出成绩。

附件

深圳智盛信息技术股份有限公司与操作系统简介

（1）公司介绍

深圳智盛信息技术股份有限公司（以下简称"智盛公司"）从 2001 年成立至今一直致力于高校教学软件的开发与研究，专注于高校金融教学软件市场的开拓，并已取得了丰硕的成果。智盛公司有一个朝气蓬勃的、高素质的软件研发队伍，核心开发人员均具有博士、硕士、本科学历，部分高级软件系统分析人员有从事高校专业教学的经验，其产品以贴近高校教学实际要求而著称，从产品功能、技术先进性、市场占有率、创新等各方面和其他公司的产品进行比较，该公司都有较大的优势。

（2）系统开发背景

高校金融实验室建设主要包括硬件建设和软件建设，硬件方面由于其通用性和产品化的特点，建设起来相对容易。目前的实际调查结果显示，各高校金融实验室的硬件条件均已具备一定的规模，完全可以运行金融行业的各种大中型应用软件系统。目前金融实验室建设的主要瓶颈是行业应用软件的建设，尤其是商业银行方面的应用系统软件。

金融实验室的核心应用软件主要包括商业银行综合业务系统、商业银行信贷管理信息系统、国际结算业务模拟系统、证券模拟交易系统、期货模拟交易系统、外汇模拟交易系统等。银行综合业务系统是商业银行的核心业务平台系统，所有的外围软件系统均建立在这一平台之上，而信贷管理信息系统是银行的主要外围业务系统软件。所以，金融实验室的应用软件系统应至少包含上述一种或几种软件系统。基于上述原因，智盛公司研发团队在经过长时间的周密市场调查后，开发信贷模拟教学软件系统，以适应高校及职业类院校培养信贷业务人才的需要，使枯燥的理论与实际任务操作相结合，让学生更深刻地理解信贷业务流程及业务规范。

（3）系统概述

本系统是在认真分析当前国内外商业银行信贷业务需求的基础上，结合我国现行的《商业银行法》《信贷通则》和《担保法》等法律条文，融合多年行业软件开发经验，运用先进的工作流程和影像处理技术，采用业界流行的 B/S 多层结构，以全新的设计理念开发成功的"以客户为中心、以优质客户发现为前提、以市场和行业为导向、以风险控制为核心、以量化分析为主"的新一代商业银行信贷管理信息系统。

目前，我国商业银行的利润有 70% 左右来自信贷业务，所以信贷管理系统是商业银行非常重要的业务系统之一，金融类及相关专业的学生毕业后，大部分人进入商业银行从事信贷管理工作，但目前由于银行业的特殊性、保密性、安全性的特点，学生要进入银行内部实习的机会越来越少，在这种形势下，越来越多的高校认识到建设一套完整地可以模拟商业银行信贷实际运行环境的金融实验系统的重要性和迫切性。本系统正是基于这种市场需求而推出的。